H. T. Luks

Die deutsche Grenzmark Elsass-Lothringen

H. T. Luks

Die deutsche Grenzmark Elsass-Lothringen

ISBN/EAN: 9783742858122

Hergestellt in Europa, USA, Kanada, Australien, Japan

Cover: Foto ©ninafisch / pixelio.de

Manufactured and distributed by brebook publishing software (www.brebook.com)

H. T. Luks

Die deutsche Grenzmark Elsass-Lothringen

DIE

LANDVÖGTE DES ELSASS

UND IHRE WIRKSAMKEIT

von Heinrich VII. 1308 bis zur Verpfändung der Reichslandsvogtei
an die Kurfürsten der Rheinpfalz 1408.

Von

JOSEPH BECKER.

INAUGURAL-DISSERTATION

zur Erlangung der philosophischen Doktorwürde

an der

KAISER-WILHELMS-UNIVERSITÄT STRASSBURG.

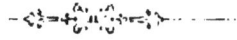

STRASSBURG
Buchdruckerei MÜLLER, HERRMANN & Cie, St. Leonstrasse.
1894.

Meinem lieben alten Lehrer und Freund,

dem hochwürdigen Herrn

Peter HERBER,

zur Zeit Pfarrer in Perl a. d. Mosel,

in dankbarer Verehrung gewidmet.

Die Landvögte des Elsass

und ihre Wirksamkeit

von Heinrich VII. 1308 bis zur Verpfändung der Reichslandvogtei an die Kurfürsten der Rheinpfalz 1408.

Einleitung.

Schöpflin hat durch seine Ausführungen über die Landvogtei des Elsass im zweiten Bande der Alsatia Illustrata den Grund gelegt für alle späteren Arbeiten, welche dieses Thema berühren. Unmöglich aber konnte er bei der damaligen mangelhaften Ordnung der Archive das umfangreiche Material so beherrschen, dass seine Darstellung der sehr wechselvollen äussern Geschicke der Landvogtei — Als. ill. II S. 557 ff. — hätte genügen können; seine Schilderung des Amtes der Landvögte aber — Als. ill. II S. 275 ff. — leidet an dem grossen Fehler, dass er Zeugnisse aus allen Jahrhunderten ohne Unterscheidung vermischt und der historischen Entwicklung keine Rechnung trägt. In der neueren Zeit hat Teusch in einer Bonner Dissertation „Die Reichslandvogteien in Schwaben und im Elsass zu Ausgang des dreizehnten Jahrhunderts, Bonn 1880" den Versuch gemacht, den Ursprung und Wirkungskreis der Landvogtei näher zu prüfen; über den Wert dieser Arbeit vergleiche man das Literarische Centralblatt vom Jahre 1880 S. 1492. Die Untersuchungen Teuschs reichen bis zum Tode Albrechts 1308; indem ich der Ansicht bin, dass eine genaue Kenntnis der nächstfolgenden Zeit uns auch die an urkundlichem Material arme voraufgehende Periode richtiger würdigen lässt, habe ich es unternommen, die Geschicke der Landvogtei im vierzehnten Jahrhundert möglichst erschöpfend darzustellen. Zu diesem Zwecke habe ich das ungedruckte urkundliche Material der Archive sämtlicher Reichsstädte im Elsass durchforscht und verwertet und besonders in Hagenau und Kolmar, teilweise auch in Strassburg, Oberehnheim, Schlettstadt, Türkheim, eine Menge von Schwörbriefen, Quittungen und sonstigen Urkunden die Landvogtei betreffend vorgefunden, — die Archive der übrigen Städte bieten nichts für das vierzehnte Jahrhundert — so dass ich in der Lage war, Schöpflins Ausführungen vielfach zu verbessern und wesentlich zu ergänzen.

Die folgenden Jahrhunderte in den Kreis der Betrachtung zu ziehen habe ich möglichst vermieden, weil die Verhältnisse seit der Verpfändung an die Pfalz 1408 sich vielfach anders gestaltet haben, und auch weil ich über das ausserordentlich reichhaltige Material dieser Zeit nicht hinreichend verfügte.

Demnach können die vorliegenden Untersuchungen nur eine Vorarbeit bilden für eine vollständige Geschichte der Landvogtei des Elsass.

Ausser den bekannten Urkundenbüchern und Regestensammlungen wurden bei der Arbeit benutzt:

Closener und Königshofen, nach Hegel, Chronik von Strassburg; Mathias Nuewenburgensis, nach Böhmer Fontes rer. Germ. Band 4; Batt, Das Eigentum zu Hagenau, 2 Bände 1876 und 1881; Guerber, Histoire de Haguenau, 2 Bände 1876; Gyss, Histoire de la ville d'Obernai, 2 Bände 1866; Mossmann, Recherches sur la constitution de la commune à Colmar 1878; Strobel, Geschichte des Elsass, 2. und 3. Band.

I. Teil.

Nachweis der Landvogteiinhaber, Landvögte und Unterlandvögte
von 1308—1408.

§ I. Die Landvögte zur Zeit Heinrichs VII.

Als mit der Ermordung Albrechts I. am 1. Mai 1308 die Landvogtei erledigt war, beeilten sich die Bürger Hagenaus den Schutz mächtiger Nachbarn zu gewinnen; wenige Tage nämlich nach dem Tode des Königs schwuren der Bischof von Speyer, Sybotho von Lichtenberg, und Heinrich von Fleckenstein der Stadt Hagenau einen Schirmeid, welcher von dem Bischof am 19. August wiederholt wurde; diesmal war aber Johann von Lichtenberg sein Genosse;[1] als Landvögte sind sie keineswegs anzusehen, denn die Thronerledigung dauerte bis zum 27. November. Für die Regierungszeit Heinrichs VII. erscheint als Landvogt des Elsass der Graf

GOTTFRIED VON LEININGEN.[2]

Nachrichten über seine Ernennung und Eidesleistung sind nirgends vorhanden. Sicheres erfahren wir zuerst über ihn unter dem 2. April 1310, wo er als „Landvogt des Elsass" von Heinrich beauftragt wurde, die daselbst verpfändeten Reichsgüter einzulösen.[3] Am 20. September 1310 verpfändete der König dem Landvogt Gottfried den hl. Forst zu Hagenau um 600 Mark;[4] am 24. desselben Monats empfahl er ihm den Schutz des Klosters Pairis.[5] Am 16. November 1310 verbürgte Gottfried als Landvogt des Elsass eine Sühne

---

[1] Vgl. das im 15. Jahrhundert angefertigte Verzeichnis der Schwörtage der Landvögte im Archiv zu Hagenau: AA 217 n 22. „Zu ersto ein brieff wiset wie ein bischoff zü Spire vnd Heinrich von Fleckenstein globt vnd gesworn hant die von Hag. zu schirmen by iren friheiten... dat. fer. V. post invent. crucis 1308. — Item ein brieff der glich von dem bischofe von Spire vnd Johans, herrn von Lichtenberg, dat. uff mentag vor Bartholm. 1308." — [2] Über die Grafen von Leiningen handelt J. G. Lehmann, Urkundl. Geschichte der Burgen der Pfalz im 5. Bande u. E. Lehr, L'Alsace Noble I S. 299 ff. — [3] Reg. Hein. add. I n 571. — [4] Reg. Hein. n 325. — [5] Reg. Hein. n 328.

Strassburgs mit Sigmund von Zweibrücken;¹ am 25. August 1311 versprach er als „des Reiches Landvogt zu Elsass und Breisgau" die Stadt Freiburg bei Leib und Gut zu schirmen.² Gemäss eines königlichen Befehles sollte er um diese Zeit Streitigkeiten des Klosters Niedermünster mit den Herren von Bergheim schlichten.³

Während des Jahres 1312 weilte Gottfried in Italien bei König Heinrich, als dessen Hofmeister er bezeichnet wird am Tage nach der Kaiserkrönung.⁴ Zum Danke für die grossen ihm in Italien und sonstwo geleisteten Dienste zeichnete Heinrich seinen elsässischen Landvogt durch viele Gnadenerweisungen aus. Am 10. November erlaubte er ihm, das Schultheissenamt von Schlettstadt an sich zu lösen;⁵ am 2. Dezember erhob er ihn zum Reichsgrafen und Vasallen;⁶ am 2. Januar 1313 beauftragte er ihn, die Reichspfandschaften im Elsass zu erwerben.⁷ Spätestens im Frühjahr 1313 ist Gottfried aus Italien heimgekehrt, denn er nahm persönlich Anteil an einem Kriege der Stadt Strassburg gegen den Markgrafen von Baden.⁸ Im Anfang des Jahres hatte der Kaiser seinem Landvogt geboten, das Kloster Andlau in den Besitz einer bestimmten Almende zu setzen;⁹ und am 15. Mai 1313 empfahl er ihm den Schutz des Bischofs von Basel.¹⁰ Gottfrieds Abwesenheit hatte die Ernennung eines Unterlandvogts nötig gemacht; als solcher tritt nämlich auf:

FRIEDRICH VON WANGEN.

Im Auftrage des Königs und Landvogtes entschied er am 14. August 1312 den Streit des Convents von Niedermünster mit den Herren von Bergheim inbetreff des Waldes „Rische" und gewisser Rechte in den Dörfern Kogenheim und Sermarsheim zu Gunsten des Klosters.¹¹ Bei einem Auflaufe zu Kolmar war er mit seinem Gefolge schwer geschädigt worden und verzichtete am 19. Februar 1313 auf eine Genugthuung seitens der Stadt;¹² ihm war zugleich mit dem Landvogt Gottfried der Schutz des Klosters Andlau anbefohlen worden.¹³

---

¹ Strassb. Urkb. II n 286. — ² Freib. Urkb. I n 84. — ³ Vgl. die Kaiserregesten des Anhangs n 1 u. 2. — ⁴ Reg. Hein. n 459, 473, 491. Vgl. Seeliger, Hofmeisteramt S. 17 und Prowe, Finanzverwaltung am Hofe Heinrichs VII. S. 76 Anm. — ⁵ Rap. Urkb. I n 301 Anm. — ⁶ Reg. Hein. add. I n 595. — ⁷ Reg. Hein. n 516. — ⁸ Strassb. Urkb. II n 306 u. 307. — ⁹ Als. dipl. II S. 106. Das Datum der Urkunde fehlt; dieselbe ist ausgefertigt: Apud Montem Imperialem, fällt also in die Zeit vom 15. Januar bis 8. März 1313. — ¹⁰ Cart. Mulh. II n 147ᵇⁱˢ. — ¹¹ Strassb. Bezirks-Arch. GG 116. Orig. Perg. Ich Friderich von Wangen ein Ritter vnd ein pfleger des Riches an mins herren stat herrn Joffrides von Liningen lantvogetes zu Elsaze.... dat. an vns frawen abende der erren 1312. — ¹² Kolm. AA: Ich Fridrich von Wangen, der an des lantvogtes stat ist ze Elsass, tun kunt. .. dat. Montag nach S. Valentinstag 1313. Über Wangen vgl. Lehr, L'Alsace Noble III S. 187 ff. — ¹³ Als. dipl. II S. 106. Für Schöpflins Notiz, Als. ill. II S. 563, dass Fridrich von Wangen als Unterlandvogt die Reichssteuer Kolmars 1313 eingezogen habe, findet sich in Kolmar keine Quittung.

§ 2. Die Landvögte während des Doppelkönigtums Friedrichs des Schönen und Ludwigs des Baiern.

Nach dem Tode Heinrichs VII. zu Buonconvento am 24. August 1313 nahmen die Herren von Lichtenberg, Johannes, der Sohn Konrads, und Johannes, des Johannes Sohn, die Stadt Hagenau in ihren Schirm und Frieden, indem sie einen förmlichen Schutzeid schwuren nach Art der Landvögte.[1] Nachdem am 20. Oktober 1314 in Frankfurt die Doppelwahl Ludwigs und Friedrichs vollzogen worden war, wog im Elsass das Ansehen des Östreichers vor,[2] sodass König Ludwig sich acht Jahre vergeblich bemühte, hier grösseren Anhang zu gewinnen; der von ihm am 3. Januar 1315 ernannte Landvogt Gottfried von Leiningen ist thatsächlich nicht zur Anerkennung gelangt.[3]

König Friedrich erhob zum Landvogt des Elsass seinen Oheim

OTTO VON OCHSENSTEIN.[4]

Am 31. März 1315 empfahl Friedrich ihm den Schutz des Klosters Alspach;[5] im August beauftragte er ihn, die Freilassung des Egenolf von Landsberg vom Markgrafen von Hochberg zu erzwingen.[6]

Der Ochsensteiner, welcher acht Jahre hindurch sein Amt verwaltete und mit der Landvogtei des Elsass auch die des Speyergaus verband,[7] ist ausserordentlich thätig gewesen im Dienste seines königlichen Neffen, wofür ihn dieser mit Pfandschaften im Elsass überhäufte.

Am 24. Mai 1315 verpfändete er ihm das Reichsschultheissenamt zu Oberehnheim;[8] am 11. November 1316 schlug er ihm 200 Mark auf Blicksberg und andere Reichspfandschaften;[9] am 12. März 1317 wies er ihm 300 Mark Silber an auf die Münze in Breisach und auf Einkünfte der elsässischen Landvogtei;[10] am 20. Februar 1321 bestätigte er ihm mehrere alte Reichspfandschaften.[11]

---

[1] Gedruckt bei Batt, I S. 231. — [2] Math. Nuew. in Böhmer, Fontes IV S. 188: Adheserunt autem Ludowico civitates inferiores Reni usque Sels, Friderico autem Sels et superiores civitates. Im Folgenden wird Math. Nuew. stets nach Böhmer citiert, weil die Wiener und Vatikanische hds. — veröffentlicht von Weiland in den Abh. d. Götting. Gesellsch. d. Wissensch. 1891 und 1892 — an den betroffenden Stellen im wesentlichen damit übereinstimmen, beziehungsweise erhebliche Lücken aufweisen. — [3] Winkelm. A. J. II S 453. — [4] Die Geschichte der Dynasten von Ochsenstein giebt Lehmann, Gesch. v. Hanau-Lichtenb. II S. 1 bis 176. — [5] Als. dipl. II S. 113: Fridericus.... Romanorum rex.... Nobili viro Ottoni de Ocksenstein, avunculo suo, advocato Alsatie provinciali.... — [6] Strassb. Urkb. II S 335. — [7] Als „Landvogt im Elsass und Speyergau" urkundete er am 3. Januar 1318; am 10. Januar 1319; am 30. September 1321. Vgl. Hilgard, Urkb. von Speyer S 316 und S 333; Mone, Ztsch. V S. 319. — [8] Reg. Frid. add. II S 273. — [9] Reg. Frid. add. II S 275. — [10] Reg. Frid. add. II S 276. — [11] Reg. Frid. add. II S 287.

Als „Landvogt des Elsass" beurkundete Otto von Ochsenstein am 28. Dezember 1319 eine Sühne Eberhards von Berwarstein mit Strassburg und Hagenau,[1] am 6. August 1320 einen Vertrag Leopolds von Östreich mit Speyer;[2] am 20. Mai 1320 sicherte er dem Grafen Konrad von Freiburg ein vierzehntägiges sicheres Geleit zu, damit jener nach Strassburg kommen und seine Aussöhnung mit König Friedrich betreiben könne;[3] am 20. April 1322 half er eine Sühne in der Üsenberger Fehde vereinbaren.[4]

Nachdem Friedrich von Östreich durch die Schlacht bei Mühldorf am 28. September 1322 Krone und Freiheit verloren hatte, musste der Ochsensteiner als einer der eifrigsten Parteigänger des Gefangenen notwendigerweise des langjährigen Besitzes der Landvogtei verlustig gehen, zumal da die elsässischen Reichsstädte sich jetzt König Ludwig zuwendeten; in dessen Namen schwuren am 12. Januar 1323 zwei „Pfleger" Hagenau den Schutzeid, nämlich:

HEINRICH VON FINSTINGEN UND ALBRECHT HUMMEL VON LICHTENBERG.[5]

Der Chronist Math. Nuew. berichtet, dass die elsässischen Reichsstädte den Albrecht Hummel von Lichtenberg als Landvogt anerkannt hätten;[6] den Finstinger erwähnt er gar nicht. Aus der Form des Hagenauer Schwörbriefes indessen könnte man schliessen, dass beide gleichberechtigt nebeneinander standen, beziehungsweise dass der Lichtenberger Unterlandvogt war, da er an zweiter Stelle genannt wird. Jedenfalls ist ihre Thätigkeit bald unterbrochen worden, da im Jahre 1324

ULRICH, DER LANDGRAF IN NIEDERELSASS,

auch Landvogt des Elsass war; als solchen bezeichnet er sich in einer Urkunde vom 13. Oktober 1324.[7]

König Ludwigs Herrschaft im Elsass ist indessen nicht von langer Dauer gewesen; denn es gelang dem tapfern Herzog Leopold, das Land für die östreichische Sache wieder zu gewinnen.[8]

---

[1] Strassb. Urkb. II n 390. — [2] Spey. Urkb. S. 262. — [3] Freib. Urkb. I, 2 n 110. — [4] Freib. Urkb. I, 2 n 115. — [5] Hag. AA 221 n 2, beglaub. Copie: „Wir Heinrich, herre zu Vinstingen vnd Albrecht Humel von Lichtenberg tun kunt.... das wir von vnsers herrn Kunig Ludwigs wegen.... gesworn hant...." dat. Mittwoch vor S. Hilariontag 1323. — [6] Math. Nuew. 198: Civitates vero Alsacie: Columbaria, Sletzstat, Ebenheim, Rosheim, Hagenowa, que Friderico adheserant, territe Humbelonem de Lichtenberg, Swevum, in advocatum Ludovici nomine receperunt. Albrecht Hummel war also ein schwäbischer Ritter; schwäbisch Lichtenberg liegt bei Grossbottwar im Nekarkreis. — [7] Als. dipl. II S. 132: „Wir herre Ulrich lantgrave und lantvoget zu Elsass...." — [8] Math. Nuew. 201. Reverse sunt autem predicte civitates Alsacie ad Lüpoldum nomine fratris captivi, et crevit contra Ludowicum potentia Leopoldi.

Leopold selber übernahm die Verwaltung der Reichslandvogtei und leistete „als Pfleger" Hagenau den Schutzeid am 17. Juli 1325; dabei verpflichtete er sich, die Stadt frei zu lassen von „bete und stüre"; überhaupt sollte seine Pfleg nur dauern bis „an einen einmutigen römischen Kunig, den die Kurfürsten einmüticlich erwelet hant und den das lant fur einen Kunig hat".[1] Als Gehülfen bei der Pfleg nahm Leopold an den Markgrafen Rudolf von Baden, der am 27. Juli den Schutzeid schwur.[2]

Nach dem Hinscheiden des Herzogs Leopold am 28. Februar 1326 erscheint

OTTO VON OCHSENSTEIN

von neuem als Landvogt in Elsass und Speyergau; als solcher beurkundete er am 22. August 1326 eine Sühne zwischen Strassburg und Offenburg[3] und vermittelte im April 1327 zwischen dem Bischof Johann und der Stadt Strassburg einen Vergleich.[4] Nach seinem Tode, am 19. Oktober 1327, folgte sein Bruder, der Strassburger Chorbischof

RUDOLF VON OCHSENSTEIN MIT DEN ZWEI SÖHNEN DES VORIGEN,
JOHANN UND OTTO VON OCHSENSTEIN.

Am 4. Februar 1328 leisteten sie gemeinschaftlich als Landvögte „im Elsass und Speyergau" im Namen König Friedrichs Hagenau den Schutzeid;[5] am 13. Oktober 1329 schlossen die Junker Rudolf, Johann und Ottemann von Ochsenstein, Landvögte im Elsass und Speyergau, einen Frieden.[6]

Durch den Tod Friedrichs des Schönen am 13. Januar 1330 kam Ludwig der Baier in den alleinigen Besitz des Reiches; der von ihm bald darauf ernannte Landvogt

ALBRECHT HUMMEL VON LICHTENBERG

war eifrig bemüht um die Versöhnung der Reichsstädte mit dem früher verschmähten königlichen Herrn; so tröstete er am 19. April 1330 Oberehnheim wegen des bisherigen feindseligen Verhaltens gegen Ludwig und schwur der

---

[1] Hag. AA 217 n 1, begl. Copie dat. Hag. Mittwoch vor St Maria Magdal. 1325. — [2] Hag. AA 221 n 3, begl. Copie dat. Samstag nach Jakob. Apost. 1325. — [3] Strassb. Urkb. II n 467. — [4] Strassb. Urkb. II n 474 u. 476. Schöpflins Notiz, Als. ill. II 563, dass Otto als advocatus Alsatiae generalis 1327 dem Heinrich von Müllnheim eine Schuld bezahlt habe, kann ich urkundlich nicht belegen. — [5] Hag. AA 221 n 5, begl. Copie: „Wir Rudolf, Johann und Ottemann von Ochsenstein, lantvogte in Elsassen und in Spirgowe tun kunt.... das wir von des.... herrn Kunig Friderichs wegen.... gesworn hant...." dat. Donnerstag nach Lichtmess 1328. Irrtümlich also berichtet Leupold, Berthold von Buchegg S. 13, dass König Ludwig nach dem Tode Ottos IV. 1327 die Landvogtei an dessen Verwandte gegeben habe; auch davon, dass Ludwig früher Otto IV. „als östreichischen Gegenvogt im Elsass" bestätigt habe, ist nichts bekannt. vgl. Lemp. S. 12. — [6] Mone, Ztsch. 24 S. 168. Ob man mit Schöpflin Johann und Ottemann als Unterlandvögte Rudolfs anzusetzen hat, scheint zweifelhaft.

Stadt den Schutzeid.[1] Kolmar zahlte am 28. April 1330 von seiner nächstfälligen Reichssteuer 100 Mark Silber an den Landvogt Albrecht Hummel;[2] ebenderselbe wurde am 29. Mai 1330 von König Ludwig beauftragt, die Nonnen von Königsbrück bei der Freiheit von der Reichskriegssteuer und bei ihren Nutzungsrechten im hl. Forst zu schirmen.[3] In einer Urkunde König Ludwigs vom 29. April 1331 wird der Lichtenberger als ehemaliger Landvogt des Elsass bezeichnet.[4]

Als Unterlandvogt desselben erscheint

KONRAD, HERZOG VON URSLINGEN.

Im Auftrage Kaiser Ludwigs schlichtete er am 17. März 1330 einen Verfassungsstreit zu Oberehnheim.[5] Im August 1330 ging die Landvogtei über in den Besitz des Grafen

ULRICH VON WÜRTEMBERG.

Als Landvogt in „Elsass und Schwaben" schwur er Hagenau im Namen des Kaisers Ludwig am 10. August den Schutzeid;[6] in einer Urkunde vom 11. Dezember 1330 nennt ihn dieser „unsern lieben Landvogt im Elsass".[7] Im Herbst des folgenden Jahres unterhandelte der Kaiser ernstlich mit Ulrich, um ihn zur Verzichtleistung auf die Landvogtei zu bewegen, welche schliesslich infolge eines Vergleiches erfolgte, wonach dem Grafen zur Tilgung seiner Restforderungen an den Kaiser die Steuer der Christen und Juden zu Hagenau und der Nutzen des Reichsforstes daselbst angewiesen wurde.[8]

So konnte denn Ulrichs Schwager,

GRAF RUDOLF VON HOHENBERG,

am 20. Dezember 1331 die Landvogtei übernehmen. Kaiser Ludwig hatte sich

---

[1] „Wir Albreht Hummel von Lichtenberg lantvogt in Eylsass tun kunt.... das wir von dem gewalt, so wir han von unserm herrn Keyser Ludewig von B. getrüstet han.... die.... von Ebenheim.... vgl. Gyss I S. 113. — [2] Kolm. CC. Albrechts Quittung, dat. Samstag nach S. Markustag 1330. — [3] Winkelm. A. J. II n 520. — [4] Rap. Urkb. I n 421. Der von Schöpflin Als. ill. II S. 564 erwähnte Brief Kaiser Ludwigs, dat. 1330 de Regispontano monasterio — Königsbrück, Kloster im hl. Forst zu Hagenau — war nicht vorfindlich. Ludwig wollte allerdings 1330 längere Zeit in Hagenau. — [5] Gyss I S. 180 setzt den Vorgang in das Jahr 1339; vgl. Oberehn. Arch. BB 1, wo dat. 1330 fer. VI. a. laetare. Über die Urslingen vgl. Rap. Urkb. I S. 21 ff. u. Stälin, Geschichte Würtembergs; Dorf Irslingen, O. A. Rotweil, dabei die Ruinen der Burg Urslingen. - [6] Hag. AA 221 n 6, beglaub. Copie dat. Laurentiustag 1330. — Schon seit dem April 1330 war Ulrich im Pfandbesitz der Landvogtei Schwaben. vgl. Stälin, Gesch. v. Würtemberg III S. 182 Anm. Graf Ulrich ist der einzige aus dem Hause Würtemberg, welcher die Würde eines elsässischen Landvogts bekleidete; durch seine Gemahlin, Sophie von Pfirt, hatte er schon vorher enge Beziehungen zum Oberelsass. vgl. Stälin III S. 170. — [7] Stälin III S. 185 Anm. 3. Die Herzöge von Östreich, deren Interessen der Würtemberger vorher gedient hatte, scheinen ihren Einfluss bei der Besetzung der elsässischen Landvogtei zu Gunsten Ulrichs geltend gemacht zu haben. vgl. Stälin III S. 185. — [8] Vgl. Öfele, Scriptores rer. Boic. I S. 765 u. 766 und Stälin III S. 185 Anm. 4. Die Restforderungen betrugen nach dem Orig. im Staats-Arch. zu Stuttgart, wie Stälin bemerkt, 4764 ₰ Heller und 2 Schilling, nicht, wie Öfele angiebt, 4784 Pf.

eigens verpflichtet, ihm die Landvogtei nicht zu entziehen, ohne ihm vorher allen etwa gehabten Schaden vergütet zu haben.[1] Bis zu seinem Tode am 11. Januar 1336 blieb Rudolf im Besitze jenes Amtes; im Jahre 1332 hat er dem Bischof Berthold von Strassburg bei Bezwingung der Feste Winstein Hülfe geleistet;[2] wiederholt nennt er sich in Urkunden der Jahre 1333 und 1335 „Landvogt des Elsass".[3]

Durch eine Anweisung des Kaisers auf die Steuer Kolmars vom 20. August 1334 erfahren wir, dass damals
JOHANN VON RAPPOLTSTEIN
Unterlandvogt im Elsass war.[4]

Nach Rudolphs Tode scheinen seine drei ihn überlebenden Söhne im gemeinsamen Besitz der Landvogtei gefolgt zu sein. Kaiser Ludwig nämlich bezeichnet in einer Quittung über die Reichssteuer Kolmars vom 8. November 1337 die Grafen
ALBRECHT, HUGO UND HEINRICH VON HOHENBERG
als „seine Landvögte im Elsass".[5] Thatsächlich waltete aber zunächst der zweite der Brüder,
GRAF HUGO VON HOHENBERG,
als eigentlicher Landvogt.[6] In dieser Eigenschaft eroberte er 1336 im Verein mit den elsässischen Reichsstädten die Reichsvogtei Kaisersberg aus der Pfandschaft des Königs Johann von Böhmen für das Reich zurück.[7] In einer Urkunde vom 26. Juli 1337, wodurch sein Verzicht auf die Grafschaft Pfirt festgestellt wurde, nennt der Kaiser ihn „seinen lieben Oheim und Landvogt".[8]

Vom Jahre 1338 ab bis 1341 tritt der ältere Bruder, der Strassburger Kanonikus und Kanzler Kaiser Ludwigs,
ALBRECHT VON HOHENBERG,
hauptsächlich als Landvogt hervor. Als solcher nahm er teil an dem Landfriedensbund vom 21. Februar und 19. Mai 1338;[9] am 3. März gebot ihm der

---

[1] Öfele I S. 765. Über die Stellung Rudolfs zu Kaiser Ludwig vgl. Schmid, Gesch. der Grafen von Hohenberg, S. 160 ff. — [2] Lehmann, Gesch. v. Hanau-Lichtenb. I S. 43. — [3] Schmid, Monum. Hohenbergica n 353 zum 27. November 1333; n 365 zum 3. März 1335; n 367 zum 16. März 1335; aus den zwei letzten Urkunden geht hervor, dass er auch Landvogt in Niederschwaben war. — [4] Rap. Urkb. I n 451. — [5] Vgl. die Kaiserregesten des Anhangs n 3. — [6] Über ihn vgl. Schmid, S. 225 ff. — [7] Math. Nuew. 208 und Cart. Mulh. I n 189. Am 16. Mai 1336 verschrieb Kaiser Ludwig den Pfalzgrafen Rudolf und Ruprecht 2000 Mark Silber auf die elsässischen Reichssteuern; falls die Zahlung nicht vollständig erfolgen würde, sollten sie das Geld pfandweise auf die Reichslandvogtei im Elsass und die Stadt Weinsberg erheben; ihr Unterlandvogt im Elsass sollte Philipp von Sponheim sein. Zur Übernahme der Landvogtei durch die Pfälzer ist es indessen nicht gekommen. Reg. Lud. n 1744. — [8] Hergott, Gene. III S. 659. — [9] Cart. Mulh. I n 194. Rap. Urkb. I n 494 u. 497. Über Albrecht vgl. Math. Nuew. in der Vatic. hds. S. 33; „Postea factus est cancellarius dom. Ludwici imperatoris et eius advocatus provincialis totius Elsacie in cuius servitio multa peregit." und Schmid S. 205 ff.

Kaiser, den Grafen von Freiburg unbehindert zu lassen;[1] am 16. März befahl er ihm, die Herren von Ratsamhausen und Andlau zu zwingen, die Lösung ihrer Pfandschaft auf das Dorf Kintzheim durch Schlettstadt anzuerkennen;[2] am 15. Oktober bestätigte er eine Vereinbarung, die Albrecht in einer Rappoltsteiner Judenangelegenheit getroffen hatte.[3] In der bischöflich-kaiserlichen Fehde von 1339 hat Landvogt Albrecht von Hohenberg als Anführer der Contingente Kolmars und Schlettstadts den Bischof empfindlich geschädigt;[4] für das Jahr 1339 nahm er im Auftrage Kaiser Ludwigs die Reichssteuern Hagenaus und Kolmars ein.[5] Unter Landvogt Albrecht von Hohenberg, — an S. Johannestag zu Pfingsten 1339, — wurde nach Beschluss des Stadtrats zu Hagenau das Hagenauer Statutenbuch angelegt.[6] Als Kanzler des römischen Kaisers und Landvogt im Elsass urkundete Albrecht am 16. Oktober und 18. Dezember 1340, sowie am 10. März und 5. September 1341.[7]

Seit dem Herbst 1341 ist des Kaisers eigner Sohn,

HERZOG STEPHAN VON BAIERN,

im Besitze der Landvogtei im Elsass. Dies erfahren wir durch eine Urkunde Ludwigs vom 21. Dezember 1341 für das Kloster Murbach, wodurch bestimmt wurde, dass jeder, der gegen den Abt oder seine Untergebenen zu klagen habe, sein Recht nehmen solle vor dem Landvogt zu Elsass, Herzog Stephan oder dessen Amtsnachfolgern.[8] Die Reichssteuer Hagenaus hatte ihm der Kaiser am 24. Oktober 1341 überwiesen.[9] Überhaupt machen die Verfügungen über die Reichssteuern der folgenden Jahre unzweifelhaft, dass Stephan bis zum Tode Ludwigs im Besitze der Landvogtei blieb. So forderte Stephans Unterlandvogt am 17. Februar 1342 Kolmars Steuer, die ihm gebühre an seines Herrn des Kaisers und des Herzogs statt.[10] Stephan selber ermahnte am 25. Juli 1346 die Stadt Kolmar, ihre Steuer an „seine Landvögte", die Grafen von Öttingen, zu bezahlen.[11] Kaiser Ludwig aber quittierte der Stadt Hagenau am 7. Juni 1347 über die nächstfällige Martinssteuer nicht nur für sich, sondern auch im Namen seines Sohnes, des Herzogs Stephan.[12] Ob der letztere vielleicht durch Pfandbesitz der Landvogtei einen Anspruch auf die Reichssteuern hatte, oder ob ihm diese anderweitig übertragen waren, lässt sich nicht entscheiden.[13]

---

[1] Reg. Lud. add. II n 2654. — [2] Reg. Lud. add. II n 3066 bis 69. — [3] Rap. Urkb. I n 502. — [4] Math. Nuew. S. 225; Leupold, S. 118. — [5] Vgl. die Reg. des Anhangs n 5 u. 6. — [6] Vgl. das Statutenb. Hags. im Reichsarch. zu München, S. 1. — [7] Cart. Mulh. I n 202. Mon. Hohenb. n 410, 412, 414, 423. — [8] Als. dipl. II S. 174. — [9] Vgl. die Reg. d. Anh. n 9. Stephan ist nicht ausdrücklich Landvogt genannt. — [10] Kolm. CC, dat. Ravensburg am Weissen Sonntage 1342. — [11] Kolm. CC, dat. Jakobstag 1346. — [12] Vgl. Reg. d. Anh. n 10. „so sagen wir iuch darumb derselben ewr gewonlichen stiur.... für vns vnd vnsern sun herczog Stephan ledig vnd los." — [13] Schöpflin Als. ill. II S. 565 ist der Ansicht, dass Stephan die Landvogtei als Pfand besass und beruft sich

Als Unterlandvogt für diese Zeit tritt zunächst auf der Hofmeister des Pfalzgrafen Stephan,
HEINRICH ISOLZRIEDER.
Als solcher nämlich forderte dieser am 17. Februar 1342 die Stadt Kolmar zur Zahlung der Reichssteuer auf, die sie ihm schulde an seines Herren des Kaisers und des Herzogs statt.[1]
Auf ihn folgte
GERWIG GUSSE VON GUSSENBERG.
Als „Landvogt im Elsass und in Oberschwaben" quittierte er Kolmar über die nächstfällige Martinssteuer am 27. Oktober 1342.[2]
Seit dem Anfang des Jahres 1344 erscheinen die Grafen

LUDWIG UND FRIEDRICH VON ÖTTINGEN

als Landvögte Stephans. In einer Urkunde des Walther von Geroldseck vom 11. Februar 1344 wird Graf Friedrich Landvogt im Elsass genannt.[3] Als Landvögte nahmen Ludwig und Friedrich teil an dem Landfriedensbund vom 3. März 1345.[4] Am 27. März 1346 wurden sie vom Kaiser Ludwig mit der Ordnung der Judenangelegenheit in Kolmar und Schlettstadt betraut;[5] am 18. Oktober 1346 wurde ihnen der Schutz der Bürger Breisachs zur Pflicht gemacht.[6] Als Landgrafen und Landvögte in Niederelsass urkundeten sie am 9. Dezember 1346.[7] Herzog Stephan nennt sie in der Anweisung auf die Steuer Kolmars seine Landvögte,[8] und Kaiser Ludwig liess durch sie die Steuer Hagenaus für 1347 einziehen.[9]

§ 3. Die Landvögte unter Karl IV.

Erst nach dem Tode Ludwigs am 11. Oktober 1347 erlangte Karl IV. seine Anerkennung in der Westmark des Reiches, dank der Vermittlung des Bischofs von Strassburg[10] und des Strassburger Dechanten Johannes von Lichtenberg. Letzterer hatte kraft königlicher Vollmacht mit den Reichsstädten im Elsass verhandelt und sich verpflichtet, ihnen vom Könige einen Landvogt zu erwirken,

---

auf einen Brief vom 2. November 1377. Offenbar bezieht sich aber dieser Brief auf die Verpfändung an die Baiernherzöge Friedrich und Stephan von 1371 bis 1377, welche Schöpflin ganz unbekannt blieb. Riezler, Geschichte Baierns, II S. 162 f. berichtet, dass auch die Landvögte in Oberschwaben als Landvögte des Kaisers und Stephans gemeinsam bezeichnet wurden, und vermutet, dass des Kaisers Absicht darauf ausging, das Herzogtum Schwaben (und Elsass) wieder zu begründen. — [1] Vgl. oben S. 10 Anm. 10 u. Reg. d. Anh. n 9. — [2] Kolm. CC. Sonntag vor Allerheiligen 1342. — Gussenberg, Ruine bei Hermaringen, Würtemberg. Schöpflin setzt ihn fälschlich in das Jahr 1346. — [3] Rap. Urkb. I S. 422, 10. Über die Grafen von Öttingen vgl. Stälin III S. 630 ff. — [4] Rap. Urkb. I n 568. — [5] Reg. Lud. n 2187 u. 2188. — [6] Reg. Lud. add. III n 3537. — [7] Mone, Ztschr. 24 S. 171. — [8] Vgl. oben S. 10. — [9] Reg. d. Anh. n 10. — [10] Math. Nuew. S. 249.

„der im Lande selbst gesessen sei."[1] Nachdem Karl IV. auf seinem Königsritt die Huldigung des Elsass entgegengenommen hatte, erhob er zu Hagenau am 1. Januar 1348 den

JOHANN VON FINSTINGEN

zu seinem Landvogt.[2] Dieser war einer der frühesten Anhänger Karls gewesen und hatte ihn unterstützt mit Geldvorschüssen im Betrage von 600 Mark Silber; um diesen Preis wurde ihm jetzt die Landvogtei verpfändet.[3] Bis in den Sommer 1349 lässt sich die Thätigkeit des neuen Landvogts verfolgen. Im Jahre 1348 griff er, als praeses Alsatiae, in die Streitigkeiten der Bürger zu Mülhausen ein.[4] Als Karl IV. am 11. Februar 1349 das Dorf Bernardsweiler an Oberehnheim verpfändete, gab Landvogt Ulrich von Finstingen, als bisheriger Pfandinhaber desselben, seine Einwilligung dazu.[5] Im März und April 1349 war er anwesend auf der Reichsversammlung zu Speyer, wo er, „der Landvogt des Niederelsass", mit der Regelung der Judenangelegenheit zu Schlettstadt und Kolmar betraut wurde.[6] Als „Landvogt zu Elsass" gab er am 5. Juni 1349 seine Einwilligung zu dem Vertrage, den Strassburg mit den Herren und Städten des Landes schloss, um sich zu schützen wegen der Verfolgung der Juden.[7]

PFALZGRAF RUDOLF, Pfandinhaber.

Im März 1349 hatte Karl IV. sich ausgesöhnt mit dem Pfalzgrafen Rudolf und sich zu Bacharach mit dessen Tochter Anna vermählt. Der Hülfe seines Schwiegervaters hauptsächlich hatte er es zu verdanken, dass der Kampf mit dem Gegenkönig Günther so günstig verlief. Auf dem Kriegszuge gegen den Schwarzburger nahm Karl die Gelegenheit wahr, die Dienste Rudolfs durch grosse Verpfändungen im Elsass zu belohnen. Am 15. Mai 1349 erlaubte er ihm, von Johann von Finstingen die Landvogtei im Elsass um 600 Mark, von Herzog Friedrich von Teck das Schultheissenamt zu Hagenau mit dem hl. Forst um 1400 Mark, und von Burkhard Mönch von Basel die Vogtei von Kaisersberg um 1000 Mark einzulösen; diese Pfandsumme erhöhte Karl IV. noch um 3000 Mark. Weiter wurde festgesetzt, dass Anna, des Kaisers Gemahlin, in den Besitz jener Pfandschaften eintreten solle, falls ihr Vater ohne männliche Nachkommen sterben würde; im Falle dass auch Anna keine männlichen Erben hinterlassen würde, sollte die ganze Pfandschaft frei ans Reich fallen.[8]

---

[1] Cart. Mulh. I n 295. Als. dipl. II S. 187. — [2] Böhmer, A. J. n 840. Durch die Ernennung des Finstingers hatte Karl wohl nicht ganz den Absichten des Dechanten entsprochen; vermutlich hatte dieser bei seinen Versprechen zunächst an seine Verwandten gedacht; dass die Lichtenberger sich mit dem Plane trugen, die Landvogtei für sich zu erwerben, erhellt aus ihrem Vertrage vom 17. Oktober 1317, wodurch sie sich verpflichteten, sich gegenseitig die Landvogtei nicht streitig zu machen. Winkelman A. J. n 1161. — [3] Als. dipl. II S. 193. — [4] Math. Nuew. S. 255. — [5] Arch. Oberehn. DD; Als. ill. II S. 271. — [6] Reg. Karl. n 6025 u. 6028. — [7] Rap. Urkb. I S. 465, 28. — [8] Als. dipl. II S. 193.

Es kann kein Zweifel bestehen, dass der Rheinpfalzgraf Rudolf thatsächlich in den Pfandbesitz der Reichslandvogtei kam.[1] Durch eine Urkunde Karls IV. vom 10. September 1349 erfahren wir, dass die Reichslandvogtei und das Schultheissenamt zu Hagenau damals dem Pfalzgrafen „versetzt" waren.[2] Am 7. Dezember 1349 befahl Karl IV. Hagenau, dem Pfalzgrafen Rudolf und den „Landvögten desselben" beizustehen gegen Oberehnheim.[3] Rudolf spricht in einer Urkunde über seine Aussöhnung mit Hagenau vom 11. Oktober 1352 wiederholt von „seinen Landvögten, Schultheissen und Dienern" zu Hagenau[4] und bezeichnet hier sowie in einer Urkunde für Oberehnheim vom 9. März 1353 den Hugo von Hohenberg ausdrücklich als seinen Landvogt.[5] Als dieser am 25. November 1351 einen neuen Schultheissen für Hagenau ernannte, bekannte er, dass er die Landvogtei innehabe von des römischen Reiches und Herzogs Rudolf wegen.[6] Mit dem Tode Rudolfs im September 1353 fielen die Pfandschaften an das Reich zurück, da auch Anna bereits am 2. Februar 1353 ohne Erben gestorben war; dazu stimmt, dass Karl IV. im Oktober den Landvogt Rudolfs, Hugo von Hohenberg, seines Amtes enthob.[7]

Welches sind nun die eigentlichen Landvögte gewesen während der Zeit der Verpfändung an den Pfalzgrafen?

Bereits für den 10. August 1349 wird

KUNO VON REIFFENBERG

als Landvogt im Elsass bezeichnet.[8] Dieser befand sich im Heere Karls auf dessen Zuge gegen Günther; durch eine Urkunde von demselben Tage, an

---

[1] Schöpflins Geständniss, dass er keinen urkundlichen Beweis für die Einlösung der genannten Pfandschaften durch Rudolf finde, veranlasst Strobel II S. 247 zu der irrigen Behauptung, die Auslösung habe überhaupt nicht stattgefunden. — [2] Reg. Karl. n 1147. — [3] Vgl. Reg. d. Anh. n 11. — [4] Mone 24 S. 171. Schöpflin, Als. ill. II S. 565, berichtet, die Hagenauer hätten sich der Verpfändung der Landvogtei an Rudolf widersetzt; deshalb habe dieser am 31. Juli 1349 die Strassburger um Hülfe gegen Hagenau ersucht, und König Karl habe von Aachen aus am 5. August 1349 die Hagenauer aufgefordert, dem Pfalzgrafen zu gehorchen. Die diesbezüglichen Briefe habe ich nicht vorgefunden. Gewiss ist, dass Rudolf mit Hagenau im Streit lag „wegen des Mittelstückes des hl. Forstes und wegen der Herberge und Rechte, die ein Landvogt und Schultheiss zu Hagenau von des Reiches wegen haben sollten". Am Donnerstag vor St. Gallen 1352 billigte er die von seinem Landvogt Hugo von Hohenberg als Schiedsrichter vermittelte Sühne: „Wir Rudolf.... bekennen daz Hugo von Hohenberg vnser lantvogt im Elsass gesprochen hat.... daz (die) von Hagenow vns, vnser lantvögte, schultheissen vnd dienern an dehen Herbergen ungehindert sullent lazzen.... als sie der von Öttingen innegehabt hat." vgl. Copie Hag. AA 208 n 1. — [5] Arch. Oberehn DD n 2. „Wie wir unterwisen sint von dem edeln grawe Hugen von Hohenberg vnserm lieben Oheim vnd lantvoget in Elsass...." dat. Samstag vor Iudica 1353. — [6] Hag. AA 224 n 1 Orig.-Perg. „Wir Hugo graf von Hohenberg vnderlantvogt in Elsass.... von der pfleg vnd lantvogtey wegen dy wir inne haben von des römischen riches vnd herczog Rudolfs wegen." dat. St. Katharinentag 1351. — [7] Math. Nuow. 286. — [8] Winkelm. A. J. n 752. Reiffenberg in Nassau, nordöst. Idstein.

welchem Karl dem Pfalzgrafen die Einlösung der Pfandschaften im Elsass
gestattete, erfahren wir, dass Karl dem Kuno 500 Gulden für geleistete Dienste
s Guldete; Rudolf aber trat für seinen königlichen Schwiegersohn ein und verpfändete dem von Reiffenberg zwei Turnosen am Zolle zu Kaub.[1] Kuno brachte
in der Folgezeit noch grössere Opfer; denn laut einer Urkunde vom 19. August
schuldete ihm der König 1300 Gulden. Wiederum trat der Pfalzgraf ein, indem
er sein Haus zu Kaub nebst der Stadt verpfändete.[2] Diese vielfachen Verpflichtungen, welche Rudolf beziehungsweise Karl IV. dem Reiffenberger gegenüber hatte, werden wahrscheinlich auch seine Erhebung zum elsässischen Landvogt veranlasst haben. Er wurde abgelöst durch den Grafen

HUGO VON HOHENBERG,

welcher am 30. Oktober 1350 Hagenau zum zweitenmal als Landvogt den
Schutzeid leistete.[3] Bis gegen Ende 1353 ist er im Amte geblieben; am
25. November 1351 setzte er in Hagenau einen neuen Schultheissen ein;[4]
am 25. November 1352 quittierte er der Stadt über 700 Gulden für die Benutzung
des Mittelstückes des heiligen Forstes;[5] am 11. Oktober 1352 schloss er zwischen
Hagenau und dem Pfalzgrafen Rudolf einen Vergleich;[6] am 22. desselben Monats
beauftragte ihn dieser, Bürgerzwistigkeiten zu Kolmar zu schlichten.[7] Als es sich
im Jahre 1352 um die Verlängerung des Landfriedensbundes von 1343 handelte,
machte Graf Hugo im Verein mit den elsässischen Reichsstädten der Stadt
Strassburg das Recht streitig, den Obmann des Richterkollegiums zu ernennen.[8]
Im Jahre 1353 war Streit entstanden zwischen Oberehnheim und Hartung von
Wangen wegen des Dorfes Bernardsweiler; Landvogt Hugo von Hohenberg hielt
in dieser Angelegenheit eine schiedsrichterliche Untersuchung zu Oberehnheim
und verwies beide Parteien vor den Pfalzgrafen Rudolf, der am 9. März 1353
der Stadt Oberehnheim das Dorf Bernardsweiler zusprach.[9] Am 8. Mai 1353
half Landvogt Hugo einen Streit Hagenaus mit Rudolf von Fegersheim schlichten;[10]
am 21. Juni 1353 schloss er in einer Fehde, welche er für die von Wittenheim
von des Reiches wegen gegen Kolmar geführt hatte, einen Waffenstillstand.[11]
Karl IV. hat bei seiner Anwesenheit im Elsass im Oktober 1353 den Hugo von
Hohenberg abgesetzt.[12]

Wie die Verhältnisse nach dem Tode des Pfalzgrafen Rudolf sich gestalteten,
lässt sich mit Bestimmtheit nicht erkennen. Sicher ist, dass Karl IV. 1354,

---

[1] Reg. Karl. n 951. — [2] Winkelm. A. J. II n 752. — [3] Hag. AA 221 n 7, begl. Copie dat.
Samstag vor Allerheiligen 1350. — [4] Vgl. oben S. 13. — [5] Hag. DD 43 n 3, dat. Hag. an
St. Katherinentag; hier nennt er sich ausdrücklich: „vnderlantvogt in Elsazze". — [6] Vgl. oben
S. 13. — [7] Rap. Urkb. I n 656. — [8] Math. Nuew. 284. — [9] Vgl. oben S. 13 Anm. 5. — [10] Rap.
Urkb. I n 668. — [11] Rap. Urkb. I n 669 — [12] Math. Nuew. 286. Schöpflin, Als. ill. II S. 565
berichtet, Stislaw von der Weitenmühle werde in einer Urkunde Karls IV. für Weissenburg
vom Jahre 1352 als Unterlandvogt im Elsass bezeichnet; die Urkunde war nicht vorfindlich.

im Begriffe seinen Römerzug anzutreten, den Pfalzgrafen Ruprecht zum Reichsvikar ernannte; dass dieser zugleich die Landvogtei im Elsass besessen habe, wie Schöpflin zu beweisen sucht, dafür findet sich keinerlei Andeutung.[1]

Als Landvogt des Elsass ist seit dem 4. Oktober 1354 verbürgt der Ritter

HUGO VON DIRNSTEIN.

Am genannten Tage schwur er Hagenau den Schutzeid;[2] ob der Reichsvikar oder Karl IV. ihn ernannt hat, lässt sich nicht erkennen aus der Form des Schwörbriefes, der die einzige Quelle für ihn bildet.

Seit dem Herbst 1355 erscheint als Landvogt im Elsass des Kaisers Hofmeister

BURKHARD, BURGGRAF VON MAGDEBURG.

Von ihm selber sind keine Schwörbriefe vorhanden; aber sein Unterlandvogt, Stislaw von der Weitenmühle, schwur Hagenau am 11. August 1355.[3] Am 15. Oktober gab Karl IV. Kolmar den Befehl, die Reichssteuer an den Landvogt Burkhard oder seinen Unterlandvogt zu bezahlen.[4] Auch im Jahre 1356 sollte Burkhard Steuern und Geldgeschenke der Reichsstädte für den Kaiser einnehmen.[5] Im Februar 1356 unterrichtete er die Stadt Strassburg über eine kaiserliche Bestimmung inbetreff der Ausbürger;[6] am 7. April schlossen die Herren von Rappoltstein mit ihm und Kolmar einen Frieden.[7]

Als Unterlandvogt seit dem 11. August 1355 haben wir bereits kennen gelernt:

STISLAW VON DER WEITENMÜHLE.[8]

Am 23. Dezember übernahm er auch das Schultheissenamt zu Hagenau.[9] Als Unterlandvogt war er 1357 beteiligt an der Zerstörung der Festen Selz und Hagenbach.[10]

---

[1] In den von Schöpflin erwähnten Schwörbriefen nennt sich Ruprecht nirgends „Landvogt", sondern bloss „vicarie in dütschen landen". vgl. Cart. Mul. I n 266; Hag. AA 217 n 2; Schlettst. Copialb. Ebenso lautet das Original des Schutzbriefes für Kolmar, Kolm. AA, während die von Schöpflin Als. ill. II S 566 citierten Schriften den Kolmarer Schwörbrief fälschlich mit dem Zusatz „Landvogt im Elsass" gedruckt geben. vgl.: „Summarische Ausführung des bl. röm. Reichs Landvogtei Hagenau" S. 24; Adumbratio iurium Praefecturae Hagen. p. 5; Nullitas reunionis Alsatiae adjuncta p. 3.   [2] Hag. AA 221 n 8 Orig. Perg. dat. Samstag nach Remigiust. 1354. Dirnstein, in der Grafschaft Dagsburg, war schon zu Schöpflins Zeit verschwunden. vgl Als. ill. II S. 196. — [3] Hag. Schwörtage: „Stislaw von der Weitenmulen vnderlandfogt hat gesworn uff III. post Laurentii 1355"; über Burkhard vgl. Seeliger, Hofmeisteramt S. 27. — [4] Reg. d. Anh. n 12. — [5] Winkelm. A J. II n 811 u. Reg. d. Anh. n 13 u. 14. — [6] Rap. Urkb. I S 534 Anm. — [7] Rap. Urkb. I n 688. — [8] Die Edlen von der Weitenmühle waren gleich im Anfang der Regierung Karls IV. aus Böhmen ins Elsass übergesiedelt und mit Burglehen zu Hagenau bedacht worden. vgl. Batt II S. 335 und die Stammtafel im Anhang S. XVIII. — [9] Vgl. den Schwörb. Hag. AA 225 n 7, dat. Mitw. v. Weihn. 1355. Noch 2 mal hat er als Schulth. geschworen: Freitag vor Ulrich — 2. Juli — 1367 u. Montag nach Oculi — 10. März — 1382. Hag AA 225 n 15 u. 28. — [10] Closener 101.

Im Juli desselben Jahres ging die Landvogtei über auf des Kaisers Eidam

RUDOLF, HERZOG VON ÖSTREICH.

Am 27. Juli 1357 forderte Karl IV. die Reichsstädte zum Gehorsam gegen den neuen Landvogt auf;[1] zu Ensisheim leistete dieser den meisten Städten den Schutzeid am 27. Oktober desselben Jahres;[2] Weissenburgs Huldigung nahm er am 19. März 1358 entgegen.[3] In einer Urkunde für das Kloster Andlau vom 22. November 1357 sowie in einer Urkunde vom 9. Februar 1358 nennt er sich „des hl. Röm. Reiches Landvogt im Elsass";[4] laut einer Anweisung des Kaisers vom 30. Juni 1358 sollte er Kolmars nächstfällige Martinssteuer einziehen;[5] als Reichslandvogt setzte er am 17. Dezember 1358 einen neuen Schultheissen zu Hagenau ein.[6] Herzog Rudolf hat drei Unterlandvögte gehabt. Zunächst schwur der Ritter

MARTIN VON BIBER

Hagenau den Schutzeid am 6. September 1357.[7] Mit ihm, „dem Unterlandvogt im Elsass", schloss der Edelknecht Merkelin von Hirzberg am 4. September 1358 einen Frieden.[8] Es folgte auf ihn

ULMANN VON PFIRT.

Als Unterlandvogt des Herzogs Rudolf schwur er Hagenau den Schutzeid am 22. März 1359;[9] in der lichtenbergischen Fehde von 1359 spielte er eine grosse Rolle.[10] Er wurde abgelöst durch den Herzog

FRIEDRICH VON TECK.

Am 18. August 1359 hat dieser Hagenau als Unterlandvogt geschworen.[11] Noch im Herbst desselben Jahres ist es zwischen dem Kaiser und Herzog Rudolf zu einem entschiedenen Bruch gekommen; deshalb erhob jener seinen Hofmeister

BURKHARD VON MAGDEBURG

zum zweitenmale zum Landvogt des Elsass. Am 9. Oktober wies Karl IV. die Städte Kolmar und Hagenau an, ihre Martinssteuer an „den Edlen Burkhard,

---

[1] Böhmer A. J. n 858. Rudolf erhielt auch die Vogtei über mehrere Städte Schwabens. vgl. Huber, Gesch. Östr. 2 S. 260 f. - [2] Cart. Mulh. I n 272; Hag. AA 217 n 3 Copie; Schlettst. Copb. Oberehn. AA. — [3] Hag. AA 217, Copie dat. Ratprechtzwilr, Montag vor u. Frauentag zu der Kündigung 1358. — [4] Als. dipl. II S. 217 u. Rap. Urkb. I n 715. — [5] Reg. d. Anh. n 15. — [6] Hag. AA 224 n 2. Orig. Brief dat. Wien, Montag vor S. Thomas 1358. — [7] Hag. Schwört: „Mert. der Biber, ritter, lantfougt anstatt herczog Rudolffs hat gesworn IV. a. nat. Marie 1357." — [8] Hag. EE 22 n 9. Orig. Perg. dat. Dienstag vor Mariae Geburt 1358. — [9] Mone, Ztschr. 24 S. 175. — [10] Mone V S. 176 f. u. Cart. Mulh. I n 276, 278 u. 279. Über Pfirt vgl. Lehr, L'Alsace Noble II S. 162 ff. — [11] Mone 24 S. 175; die von Schöpflin Als. ill. II S. 567 erwähnte Urkunde dat. Selestadii die Martis post S. Egidii 1359, worin Friedrich sich „Unterlandvogt des hl. Richs Stetten zu Elsass" nennt, habe ich nicht aufgefunden. Über die Herzöge von Teck vgl. Stälin III S. 695; über Fried. vgl. auch Glafey, Anecd. S. 491.

Grafen von Magdeburg und Landvogt im Elsass" zu bezahlen; auch für die Jahre 1360, 61 und 62 empfing Burkhard kraft kaiserlichen Auftrages die Steuern der Reichsstädte.¹
Am 27. Januar 1360 schrieb Karl IV. an die Stadt Hagenau, er habe den Landvogt Burkhard beauftragt, ihrer Notdurft abzuhelfen;² am 22. März forderte er die Insassen der Landvogtei von neuem zum Gehorsam gegen den Magdeburger auf.³ Als „kaiserlicher Hofmeister und Landvogt im Elsass" beurkundete dieser am 18. April eine Sühne in der Lichtenberger Fehde;⁴ am 27. März 1362 benachrichtigte Karl IV. seinen Landvogt Burkhard über Privilegien, die er dem Stifte zu Speyer gewährt hatte.⁵ Auch diesmal war

STISLAW VON DER WEITENMÜHLE

der Unterlandvogt Burkhards; am 6. Oktober 1359 schwur jener Hagenau den Schirmeid;⁶ als „Unterlandvogt" gab er am 23. April 1360 seine Einwilligung zur Abänderung des Dekapolisbundes⁷ und geriet 1360 mit den Herren von Fleckenstein in Streit wegen der Reichsdörfer im Ried.⁸ Mit dem Amte eines Unterlandvogts scheint Stislaw auch diesmal wieder — wenigstens zeitweise — die Würde eines Schultheissen zu Hagenau vereinigt zu haben.⁹

Als Unterlandvogt nahm er am 25. Mai 1362 teil an dem Bündnisse gegen die Engländer¹⁰ und zog am 8. Januar 1363 Kolmars Reichssteuer ein.¹¹

Am 28. Februar 1363 empfahl Karl IV. die elsässische Landvogtei „mit allen rechten, gerichten, eren und nutzen" dem

FRIEDRICH V., BURGGRAFEN VON NÜRNBERG,

„so wie Burkhard von Magdeburg dieselbe bisher inne gehabt habe", und forderte am 3. März alle Reichsstädte und Stände, die dazu gehörten, auf, ihn als solchen anzuerkennen.¹² Vier Jahre lang blieb der Nürnberger im Besitze der Landvogtei, die ihm anfangs auf Widerruf, dann aber auf Lebenszeit des Kaisers übertragen worden war, und die ihm durch „steuern, ampten, clostern und andern gewönlichen nutzen an gelte" 6526 Goldgulden eintrug.¹³ Laut der kaiserlichen Anweisungen zog er für die Jahre 1363, 1364 und 1366 Reichssteuern Kolmars, Türkheims und Hagenaus ein.¹⁴ Am 4. April 1363 versprach Landvogt Friedrich den mit dem Kaiser verbündeten Zürichern Hülfe.¹⁵ Karl gestattete ihm am 14. September 1363, die elsässischen Reichspfandschaften an sich zu

---

¹ Reg. d. Anh. n 16 bis 23. — ² Reg. Karl. n 3053. — ³ Glafey, Anecdot. S. 83. — ⁴ Wencker, von Ausb. S. 81. — ⁵ Reg. Karl. add. n 7083. — ⁶ Hag. AA 221 n 11 Copie dat. Sonntag nach S. Remigii 1359. — ⁷ Cart. Mulh. I n 281. — ⁸ Als. dipl. II S. 234 u. Mone 24 S. 175. — ⁹ In der Urk. vom 18. April 1360 nennt er sich „Schultheiss zu Hag.". Wencker von Ausb. S. 80. — ¹⁰ Rap. Urkb. I n 744. — ¹¹ Vgl. s. Quittung Kolm. CC dat. Sonntag nach dem 12. Tage 1363. — ¹² Mon. Zoll. III S. 466 n. 467. — ¹³ Mon. Zoll. III S. 466 n. IV S. 79 u. 118. — ¹⁴ Reg. des Anh. n 24 bis 29. — ¹⁵ Mon. Zoll. IV S. 9.

lösen¹ und gebot am 11. Mai 1364 den elsässischen Reichsstädten, dem Landvogt Friedrich von Nürnberg und seinem Unterlandvogt gehorsam zu sein.² Am 10. November 1364 gab der Kaiser dem Burggrafen Vollmacht, in den elsässischen Reichsstädten Ratsmänner ein- und abzusetzen.³ Am 3. Januar schloss Herzog Friedrich zu Teck mit dem Landvogt Friedrich wegen der Steuern von Hagenau einen Vergleich.⁴ Ende März 1367 verzichtete Friedrich von Nürnberg, dem Wunsche des Kaisers gemäss, gütlich auf die Landvogtei im Elsass; dafür wurde ihm die Landvogtei in Oberschwaben übertragen. Der etwaige Minderertrag sollte ihm auf die Reichssteuern Nürnbergs oder anderer Städte Niederschwabens angewiesen werden.⁵

Als seinen Unterlandvogt hatte Friedrich, „da er selbst damals nicht ins Elsass kommen konnte", den Ritter

HANS VON FESTENBERG

bestellt, welcher für die ganze Dauer der Herrschaft Friedrichs in dieser Stellung blieb.⁶ Karl IV. forderte am 3. März die Reichsstädte auf, diesem zu huldigen.⁷ Am 16. März 1363 hat er Hagenau den Schutzeid geschworen;⁸ am 12. Februar 1364 nahm er die Reichssteuer Kolmars für Friedrich ein, am 20. März 1367 die von Hagenau.⁹ Für den 15. März 1366 wird er in einer Urkunde Siegmunds von Lichtenberg als Unterlandvogt bezeichnet.¹⁰ Am 11. Januar 1367 verbot Karl IV. ihm, die Leute des Pfalzgrafen Ruprecht vor sein Gericht zu laden.¹¹

Am 20. Februar 1367 hat der Kaiser die Landvogtei samt allen ihren Einkünften seinem Bruder, dem Reichsvikar Herzog

WENZEL VON LUXEMBURG,

„empfohlen".¹² Dieser gab Hagenau den Schutzbrief am 17. Juni 1367,¹³ hatte aber bereits am 13. April 1367 von Brüssel aus den Ritter

HUBART VON ELTER

zu seinem Stellvertreter bestimmt.¹⁴ Als Landvogt schwur dieser Hagenau

---

¹ Mon. Zoll. IV S. 16. — ² Mon. Zoll. IV S. 33. — ³ Mon. Zoll. IV S. 47. Vgl. auch die Reg. d. Anh. n 27. — ⁴ Mon. Zoll. IV S. 110. — ⁵ Mon. Zoll. IV S. 118. — ⁶ Festenberg liegt ö. Ansbach. — ⁷ Mon. Zoll. III S. 467. — ⁸ Hag. AA 221 n 14 Copie dat. Donnerstag nach Laetare 1363. — ⁹ Kolm. CC dat. Montag nach der grossen Fastnacht 1364; Hag. CC 2 n 12 dat. Samstag vor uns. Frauen Clibeltag 1367. — ¹⁰ Rap. Urkb. II S. 20, 20. — ¹¹ Reg. Karl. n 4471. Nach Schöpflin hat er noch am 8. April 1367, also nachdem Friedrich bereits auf die Landvogtei verzichtet hatte, amtiert. Als. ill. II S. 568. — ¹² So lautet der Ausdruck in der begl. Copie im Stadt. Arch. zu Coblenz; Publ. de Luxemb. 24 S. 105 u. Reg. Karl. n 4499 sagen fälschlich: „verpfändet". — ¹³ Hag. AA 217 n 6 Orig. Perg. dat. Hag. auf Frohnleichnamstag 1367. — ¹⁴ Der diesbezügliche Brief Wenzels ist eingefügt in den Schwörbrief Hubarts für Kolmar; Elter nordw. von Luxemb.

am 5. und Kolmar am 7. Mai;¹ indessen hat er nicht lange dieses Amt verwaltet; denn bereits am 2. Juli 1367 leistete

ULRICH VON FINSTINGEN

Hagenau den Schutzeid;² am 12. Oktober erhielt Kolmar seinen Schutzbrief.³ Gemäss dem Auftrage des Herzogs Wenzel sollte Ulrich 1367 und 1368 die Reichssteuern Kolmars, 1368 die Hagenaus einziehen.⁴ Im März 1368 forderte Landvogt Ulrich die elsässischen Reichsstädte zum Römerzug auf.⁵ Am 24. Juni 1369 gab der Kaiser ihm den Befehl, die Stadt Basel zur Besserung anzuhalten, weil sie sich nicht am Römerzuge beteiligt hatte.⁶ Im Herbst 1369 ist die Amtsthätigkeit Ulrichs unterbrochen worden; denn nur so erklärt es sich, dass er am 20. Mai 1370 von neuem als Landvogt im Elsass Hagenau schwören musste.⁷ Für die Zwischenzeit erscheint als Landvogt

STISLAW VON DER WEITENMÜHLE.

Über seinen Amtsantritt findet sich zwar nirgends eine Spur; am 1. Dezember 1369 aber beurkundete er als Landvogt im Elsass, dass die Stadt Basel ihm 2000 Gulden als Sühne für ihre Nichtteilnahme am Römerzuge zugesichert habe;⁸ am 11. Dezember schloss er in gleicher Eigenschaft einen Vergleich mit Konrad von Lichtenberg;⁹ am 16. Januar 1370 vermittelte derselbe Landvogt in dem Streit der Zorne mit Johann Erbe einen Frieden.¹⁰ Von neuem schwur, wie oben bemerkt wurde,

---

¹ Hag. AA 221 n 22 Copie dat. Mittw. n. dem Meigetage 1367. Kolm. AA dat. Kolmar Freitag nach Kreuzerfindung 1367. Herz. Wenzel nennt ihn am 3. Okt. 1369 seinen Burggrafen zu Kaisersberg. Kolm. CC. — ² Hag. AA 221 n 15 Orig. Perg. dat. Freitag vor Ulrichstag 1367. — ³ Kolm. AA dat. Dienstag vor St. Gallen 1367. — ⁴ Vgl. Wenzels Anweisungen: Kolm. CC dat. Achen, Donnerstag nach Allerhl. 1367 u. dat. Brüssel, Montag nach Michaelstag 1368; Hag. CC 2 n 13 dat. Brüssel, Montag n. St. Michael 1368. — Vielleicht gehört in diese Zeit ein Brief des „Ulrich, herre zu Vinstingen lantfogct in Elsazzen" an die Reichsstädte, worin er diese zur Zahlung von 1 ½ hundert Gulden auffordert, als Nachtrag zu den Geldforderungen, die der Kaiser zur Deckung der Kosten seines Zuges gegen die Engländer erhoben hatte. Dieser Originalbrief auf Pergament mit dem Insiegel Ulrichs — Kolm. EE affaires militaires — ist datiert: 1300 u. in dem einen u. sechzigsten Jahr auf den Samstag vor S. Hilarentag d. hl. Bischofs. Nun war aber der Kaiser 1365 „den Englischen durch das Land nachgezogen" und hatte am 10. August 1365 den Reichsstädten geboten, die Kosten dieser Heerfahrt unter sich zu teilen. Mone 21 S. 176. — ⁵ Böhm. Hub. R. s. 426. — ⁶ Reg. Karl. add. n 7288 u. Reg. Karl. 4767. ⁷ Vgl. unten S. 20 Anm. 1. — ⁸ Böhm. Hub. R. s. add. n 741. — ⁹ Hag. FF 1 n 7. Dienstag vor Lucientag 1369. - ¹⁰ Als. dipl. II S. 262. Dass Schöpflin den Stislaw als Unterlandvogt des Finstingers ansetzt, scheint demnach unrichtig. Dass Ulrich im Herbst 1369 zurückgetreten war, und dass Stislaw alleiniger Landvogt war bis in den Mai 1370, dafür spricht auch der Umstand, dass im Schultheissenamt, welches von dem jedesmaligen Landvogt besetzt wurde, ein Wechsel eintrat. Am Freitag nach Mariä Himmelfahrt 1369 — 17. August — hatte Johann von Dankratsheim das Schultheissenamt übernommen; am Montag vor dem schönen Nonentage 1370 — 20. Mai — schwur Vollmar von Wickersheim als Schultheiss. Vgl. die Schwörbr. Hag. AA 225 n 18 u. n 19.

ULRICH VON FINSTINGEN

am 20. Mai 1370 Hagenau den Schutzeid.[1] Für die Jahre 1370 und 1371 nahm er für Herzog Wenzel die Steuern der Reichsstädte ein.[2] Am 16. September 1370 gab Karl IV. ihm den Auftrag, einen Zoll zu Breisach abzuschaffen;[3] am 30. November gebot jener den Reichsstädten und dem Landvogt Ulrich, der Stadt Strassburg beizustehen gegen ihre Feinde;[4] am 12. Mai 1371 erhielt Landvogt Ulrich einen ähnlichen Auftrag.[5] Im Jahre 1371 war derselbe Landvogt für die Befreiung der im Kriege gegen Lothringen gefangenen Schlettstadter Bürger thätig.[6] Am 5. Oktober 1371 ging die Landvogtei über in den Besitz der Herzöge

ALBRECHT UND LEOPOLD VON ÖSTREICH.

Nach der Übertragungsurkunde, die Laguille zu Grunde gelegen haben muss,[7] waren sämtliche Einkünfte ihnen überwiesen, und zwar, wie aus anderweitigen Zeugnissen sich ergiebt, infolge einer Verpfändung.[8] In einer Urkunde vom 25. Mai 1372 wendet sich der Kaiser an diejenigen, welche von der Herzöge von Östreich wegen Landvögte oder Unterlandvögte im Elsass sind;[9] am 26. September 1372 erklärte er, dass die östreichischen Herzöge, als Inhaber der Landvogtei, nicht verpflichtet seien, die auf den Zoll zu Selz gemachten Anweisungen zu bezahlen;[10] für das Jahr 1373 überwies er Kolmars Reichssteuer an sie.[11] Herzog Leopold gab am 18. Mai 1374 seinem Landvogt und Schultheissen zu Hagenau und der Stadt Hagenau einen Münzbrief.[12] Für

---

[1] Orig. Perg. Hag. AA 221 n 18 dat. Montag vor dem schönen Nonentage 1370. — [2] Vgl. die Anweisungen Wenzels an Kolmar vom 29. September 1370 u. 12. August 1371. Kolm. CC dat. Nürenberg an St. Michaelstag 1370 u. dat. 12. August 1371; die an Hagenau vom 12. August 1371. Hag. CC 2 n 15. — [3] Reg. Karl. n 4876. — [4] Reg. Karl. n 4920. — [5] Reg. Karl. n 4967. — [6] Schlettst. Copialb. — [7] Histoire d'Alsace II liv. V S. 41: Voicy comme l'Empereur s'explique dans ses lettres dattées du Dimanche après la St. Michel de l'année 1371: „Nous accordons à Albert et Léopold, frères Ducs d'Autruche, La Landvogté ou Préfecture d'Alsace, avec les Principautez, Evêchez, Abbayes d'hommes et de femmes, Prieurez, Monastères, Comtez, Baronies, Seigneuries, Etats des Nobles, Prevôtez, Villes, Bourgs, Villages, sujets et jurisdictions situes dans la Préfecture d'Alsace; comme aussi le droit de patronage sur les Abbayes et Monastères; ensemble de toutes les rentes, revenus et emolumens en dependans, faisant le dit Empereur commandement à tous et un chacun de la dite Landvogté de rendre hommage, fidélité et obéissance aux dits Archiducs d'Autriche et à tous autres préposes de leur part." — [8] Die Bestallungsurkunde selber scheint nirgends mehr vorfindlich zu sein! Bei der Übertragung an die Baiernherzöge am 1. Oktober 1374 bemerkte der Kaiser ausdrücklich, dass diesen die Landvogtei gehören solle, so wie sie die Herzöge von Östreich, Albrecht und Leopold besessen hätten. Thatsächlich besassen die Baiernherzöge die Landvogtei pfandweise; demnach werden auch die Östreicher Pfandinhaber gewesen sein; für diese Annahme spricht auch Weizsäcker, R. A. IV n 289, wo gesagt ist, dass die elsässische Landvogtei den östreichischen Herzögen für eine Summe Geldes verschrieben war. — [9] Gedruckt in Mone, Ztsch. II S. 49 — [10] Reg. Karl. n 5136. — [11] Reg. d. Anh. n 31. — [12] Mone 24 S. 177. Als. dipl. II S. 269.

die östreichische Zeit begegnen uns sechs Landvögte, beziehungsweise Unterlandvögte. Zunächst wird in einer Urkunde vom 22. Oktober 1371

WALTER VON DER DICKA, HERR ZU SPESBURG,

als Unterlandvogt bezeichnet.[1] Am 17. Mai 1372 gab

RUDOLF VON WALDSEE

„als Landvogt der östreichischen Herrschaft" der Stadt Kolmar einen Schutzbrief.[2] Am 7. Juni 1372 gebot Karl IV. dem Landvogt Rudolf von Walsee, den Heinrich von Fleckenstein an den ihm verliehenen Gnaden nicht zu hindern.[3] Als „Landvogt des hl. röm. Reichs und seiner gnädigen Herrschaft in Östreich" schloss Rudolf in der Herlisheimer Fehde das Bündnis vom 24. Februar 1373.[4] Karl IV. nennt ihn in einer Urkunde vom 6. Mai 1373 seinen Landvogt und gebot ihm am gleichen Tage, von Hans Eckerich die Pfandbriefe über das Umgeld in Schlettstadt zurückzuverlangen.[5] Der Ritter

JOHANNES MURLIN

hat als „des römischen Reiches Landvogt im Elsass und Hauptmann zu Schwaben und Aargau anstatt des Herrn Rudolf von Walsee" der Stadt Kolmar am 19. Februar 1372 einen Schutzeid geschworen;[6] als „Unterlandvogt seines Herrn Rudolf von Walsee" urkundete er am 13. September 1373.[7] An die Stelle Rudolfs trat im Oktober 1373

PETER VON HORBERG.

Am 20. jenes Monats nämlich schrieben die östreichischen Herzöge an Hagenau, dass sie die Landvogtei, welche vormals Rudolf von Walsee innegehabt habe, jetzt dem Peter von Horberg übertragen hätten;[8] am 23. liess Herzog Leopold der Stadt die weitere Mitteilung zugehen, dass ihr Hofmeister Peter von Horberg zu seinem Unterlandvogt den

BURKHARD MÜNCH VON LANDSKRON, DEN JUNGEN,

ernannt habe.[9] Von „Peters von Horberg wegen" leistete dieser Kolmar am 15. und Hagenau am 19. November 1373 den Schutzeid.[10]

---

[1] Rap. Urkb. II n 91. Über Spesburg vgl. Als. ill. II S. 168. — [2] Kolm. AA Orig. Perg. dat. Montag nach Pfingsten 1372. Waldsee, Stadt n. Ravensburg. — [3] Winkelm. A. J. II n 934. — [4] Cart. Mulh. I n 305. — [5] Reg. Karl. n 5198 u. Reg. d. Anh. n 30. — [6] Kolm. AA Orig. Perg. dat. Donnerstag nach der alten Fastnacht 1372. — [7] Wencker, Von Ausb. S. 128. — [8] Hag. AA 219 n 1 Orig. Brief dat. Prag Donnerstag n. S. Gallen 1373. Horberg bei Brinighofen, Kanton Altkirch. — [9] Hag. AA 219 n 2 Orig. Brief dat. ze der Igla Sonntag vor Sim. u. Jud. 1373. — [10] Kolm. AA Orig. Perg. dat. Dienstag nach S. Martin; Hag. AA 221 n 23 Copieheft dat. Samstag vor Cecilientag 1373. Burg Landskron bei Pfirt; vgl. Als. ill. II S. 62.

Am 21. Januar 1374 teilte Herzog Leopold Hagenau mit, er habe jetzt an Stelle des Peter von Horberg seinen lieben Oheim, den Grafen

RUDOLF VON HABSBURG,

zum Landvogt ernannt;[1] für Hagenau leistete dieser den Schutzeid am 19. April 1374.[2] In demselben Jahre wurde ein Streit des Landvogts Rudolf von Habsburg mit Heinrich von Fleckenstein wegen der Reichsdörfer geschlichtet.[3]

Mit dem 1. Oktober 1374 gelangte die Reichslandvogtei im Elsass gegen die Pfandsumme von 30000 Gulden in den Besitz der Herzöge von Baiern,

STEPHANS DES JÜNGERN UND FRIEDRICHS.[4]

Am Tage der Verpfändung erhielt Friedrich die Erlaubnis, von den Reichsstädten des Elsass die ausserordentliche Summe von 30000 Gulden einzuziehen auf Abschlag der ihm vom Kaiser geschuldeten Summe.[5] Für die Jahre 1374, 75 und 76 überwies Karl IV. die Steuern Hagenaus und Rosheims an die Baiernherzöge;[6] diese zogen damals auch Geldgeschenke der Reichsstädte im Namen des Kaisers ein.[7] Die Verwaltung der Landvogtei scheint hauptsächlich Stephan geführt zu haben; denn Karl IV. wendete sich meistens an ihn, als „seinen Landvogt im Elsass",[8] und Herzog Stephan handelte als Landvogt wiederholt auch für seinen Bruder Friedrich; so befreite er am 30. Dezember 1374 das Dorf Dankratsheim von Abgaben;[9] am 13. Januar 1375 schwur er Schlettstadt den Schirmeid;[10] am Tage vorher hatte er im Verein mit den Reichsstädten des Elsass und mehreren Herren des Landes ein Bündnis geschlossen mit dem Herzog Johann von Lothringen.[11]

Zu ihrem Stellvertreter hatten die Baiernherzöge zunächst den Ritter

ULRICH VON LICHTENECK[12]

bestellt; am 18. Oktober 1374 gab er als Unterlandvogt Friedrichs und Stephans Kolmar einen Schutzbrief;[13] als Landvogt bestätigte er am 9. Februar 1375 die Rechte und Gerichte des Dorfes Dankratsheim;[14] am 24. Januar 1376 quittierte er Kolmar über 500 Florenzer Gulden für Herzog Stephan.[15]

---

[1] Hag. AA 219 n 3 Orig. Brief dat. auf Tyrol St. Agnesentag 1374. — [2] Hag. Schwört. „Rudolf grawe von Habesburg hat geworn IV. n. Georii 1374." — [3] Batt II S. 698. — [4] Öfele, Script. II S. 194, u. Böhmer-Hub. R. s. 640. — [5] Reg. Karl. n 5383. — [6] Reg. d. Anh. n 32 bis 36. — [7] Reg. d. Anh. n 33 sowie Brief Herz. Fried. Hag. CC 2 n 21 dat. Sonntag vor Thomas u. Quittung d. Landv. Ulrich von Lichteneck, Kolm. CC dat. fer. V. post Agnes 1376. — [8] Reg. Karl. n 5677 u. 5678. — [9] Hag. AA 147 n 2 Orig. Perg. dat. Hag. Samstag nach Weihn. 1374. — [10] Schlettst. Copialb. dat. die Hilarii 1375. — [11] Schlettst. Copialb. dat. Freitag nach Erhardstag 1375. — [12] Wohl Lichteneck in der Oberpfalz. — [13] Kolm. AA Orig. Perg. dat. Mittwoch nach S. Gallen 1374. — [14] Hag. AA 147 n 4 Orig. Perg. dat. Freitag nach Lichtmess 1375. — [15] Vgl. oben Anm. 7.

— 23 —

Ulrich von Lichteneck wurde von den Baiernherzögen ersetzt durch
STISLAW VON DER WEITENMÜHLE.

Am 13. Februar 1376 schwur dieser Hagenau, am 27. Februar Kolmar den Schutzeid.[1] Den Unterlandvogt Stislaw beauftragte Karl IV., für den neu erwählten König Wenzel die Huldigung der Reichsstädte des Elsass entgegen zu nehmen.[2] Am 16. Dezember 1376 schlichtete Johann von Ochsenstein, Dechant zu Strassburg, einen Streit zwischen der Stadt Strassburg einerseits und dem Unterlandvogt Stislaw und Herzog Stephan andrerseits.[3] Ein Streit des Landvogts Stislaw mit dem Schreiber Kunzel Oheige brachte Hagenau viele Unannehmlichkeiten und machte das Einschreiten des folgenden Landvogtes nötig.[4] Am 3. Oktober 1377 billigte Stislaw den Verkauf einer Gülte durch die Äbtissin des Klosters Erstein.[5]

Bereits am 14. September 1377 war die pfandweise Übertragung der elsässischen Landvogtei an Karls Bruder

WENZEL, HERZOG VON LUXEMBURG,

erfolgt, nachdem dieser sie um 30000 Gulden aus der bairischen Pfandschaft ausgelöst hatte; jene Pfandsumme wurde vom Kaiser noch erhöht um 11000 Mark Silber und 15000 alte Schildthaler, die von einer früheren Verpfändung Kaisersbergs herrührten;[6] am 22. September versprach Karl seinem Bruder, ihm während seines Lebens die Landvogtei des Elsass nicht zu entziehen;[7] am 20. desselben Monats erging an die Insassen der Landvogtei die Aufforderung des Kaisers, Wenzel zu huldigen.[8] Am 3. Februar 1378 hat Herzog Wenzel Weissenburg und Hagenau den Schutzeid geschworen;[9] ihm wurden vom Kaiser für 1377 und 1378 die Martinssteuern der Reichsstädte überwiesen;[10] gelegentlich seiner Anwesenheit im Elsass 1380 machte er vergeblich den Versuch, von den Reichsstädten des Elsass Geld zu erpressen behufs Deckung von Unkosten, die seinem Landvogt Ulrich von Finstingen auf einem Kriegszuge in seinem Dienste erwachsen waren;[11] als Landvogt erlaubte er am 8. Oktober 1382 der Stadt Hagenau, dem Ritter von Still den Werkhof abzukaufen.[12] Bis zu seinem Tode am 7. Dezember 1383 blieb der Herzog von

---

[1] Hag. Schwört. „Stislaw von der Weitenmülen lantfougt hat gesworn IV. a. Valent. 1376." Vgl. auch Hag. AA 221 n 26 Copieheft; Kolm. AA Mittw. nach St. Mathias, Apost. 1376. — [2] Cart. Mulh. I n 312 u. 313. — [3] Strassb. Stadt. Arch. G. U. P. 40—41. Dienstag nach Lucient. 1376; Pfalzgraf Stephan hatte ihn hierzu beauftragt am Donnerst. n. Nicol. Vgl. ebenda! — [4] Hag. FF I n 16, 17, 18, 19. — [5] Rap. Urkb. II n 146. — [6] Publ. de Luxemb. Bd. 25 n 789. — [7] Publ. de Luxemb. 25 n 790. — [8] Publ. de Luxemb. 25 n 792; am 19. Februar 1378 wiederholte der Kaiser diese Mahnung; ebendaselbst n 816. — [9] Hag. AA 217 n 8 begl. Copie dat. Luxemb. an St. Blasiustag; Winkelm. A. J. II n 1224. — [10] Reg. d. Anh. n 37 u. 38. — [11] Vgl. Hag. Statutb. im Reichsarch. z. München Blatt 8. — [12] Batt II S. 86.

Luxemburg Pfandinhaber der elsässischen Reichslandvogtei. Zu seinem Stellvertreter hatte er zunächst den

ULRICH VON FINSTINGEN

bestellt, welcher am 24. November 1377 Hagenau den Schutzbrief gab.[1] In der Urkunde des Landfriedens am Oberrhein vom 5. Mai 1378 nennt Karl IV. ihn „vnsers bruders Wenzel landvogt in Elsass".[2] Herzog Wenzel liess durch ihn 1379 die Reichssteuern Hagenaus und Kolmars einziehen.[3] Als „Unterlandvogt im Elsass" hatte Ulrich dem König Wenzel das Beileid der Stadt Strassburg beim Tode Karls IV. ausgesprochen;[4] in Rappoltsteiner Urkunden wird er zum 4. Juli 1378 und 17. August 1379 als Landvogt des Elsass bezeichnet;[5] am 17. April 1378 hatte Herzog Wenzel seinen Landvogt Ulrich ermahnt, dem Kuntzel Oheige seitens Hagenaus zu seinem Rechte zu verhelfen.[6] Am 2. Mai 1379 garantierte deshalb der Finstinger dem Kuntzel alle bürgerlichen Rechte und Freiheiten zu Hagenau bis Michaelis.[7] Als gewählter Schiedsrichter schloss er am 7. Januar 1380 einen Vergleich zwischen der Stadt und zweien ihrer Bürger.[8] Bis Ende März 1381 ist Ulrich urkundlich als Landvogt nachweisbar.[9] Im Herbst 1381 aber wurde er ersetzt durch den Ritter

CLAUSS VON GROSSTEIN.

Herzog Wenzel ermahnte am 9. August 1381 die Stadt Hagenau, diesem als Landvogt zu huldigen;[10] er schwur Hagenau am 24. und Kolmar am 29. August.[11] An Allerheiligen 1381 forderte Herzog Wenzel Hagenau auf, an Clauss die Reichssteuer zu bezahlen.[12] Am 12. Februar 1382 zog dieser die verfallene Martinssteuer Mülhausens,[13] am 14. Februar die Kolmars ein.[14] Am 11. Februar 1382 schloss er Frieden mit Georg von Bach und Diedrich Röder.[15] Clauss von Grosstein wurde abgelöst von seinem Vorgänger

ULRICH VON FINSTINGEN.

Am 10. März 1382 leistete dieser von neuem Hagenau den Schutzeid;[16] in

---

[1] Hag. AA 221 n 20 Copie dat. Dienstag vor Katharinentag 1377. — [2] Weizsäcker, R. A. I S. 206 u. 285. — [3] Vgl. Wenz. Anwels. Hag. CC 3 n 1 dat. Strassb. an St. Lukastag 1379; Kolm. CC dat. an demselben Tage; am 15. Januar 1380 quittierte Ulrich Kolmar. Kolm. CC Sonntag nach dem 20. Tage zu Weihn. 1380. — [4] Weizs. R. A. I S. 230. — [5] Rap. Urkb. II S. 141 u. 157. — [6] Hag. FF 1 n 17 Orig. Brief dat. Brussel, Osterabend 1378. — [7] Hag. FF 1 n 18 Orig. Brief dat. Montag vor d. hl. Kreuztag nach Ostern 1379. — [8] Hag. FF 1 n 19 Orig. Perg. dat. Samstag nach dem 12. Tage 1380. — [9] Rap. Urkb. II n 182, 183, 192, 195; Weizs. R. A. I S. 285; Cart. Mulh. I n 324. — [10] Hag. AA 219 n 4 Orig. Brief dat. Lützelb. am IX. Aug. 1381. — [11] Hag. Schwört. „Clauss von Grosstein ritter lantfougt hat gesworn ipso die Bartholom. 1381"; Kolm. AA dat. an St. Adolfstag 1381. — [12] Hag. CC 3 n 2 dat. Lüczelmburg uff allerheiligen 1381. — [13] Cart. Mulh. I n 326. — [14] Kolm. CC dat. Valentinstag 1382. — [15] Hag. EE 31 n 8 dat. Dienstag vor St. Veltinstag 1382. — [16] Hag. Schwört. „Ulrich herre zu Vinstingen lantfougt hat gesworn II p. Oculi 1382."

den Jahren 1382 und 1383 sollte er im Auftrage des Herzogs Wenzel die Steuern der Reichsstädte einziehen;[1] am 5. Dezember 1382 half der Landvogt Ulrich Streitigkeiten schlichten zwischen Bruno von Rappoltstein und der Stadt Strassburg.[2] Am 19. Oktober 1383 gebot König Wenzel seinem Landvogt Ulrich, dem Bischof von Basel Schutz zu gewähren.[3]

Zugleich mit Landvogt Ulrich von Finstingen hatte

STISLAW VON DER WEITENMÜHLE

Hagenau als Schultheiss geschworen;[4] er hat aber auch das Amt eines Unterlandvogts versehen; denn in einer Urkunde vom 15. November 1382 führt er ausdrücklich den Titel „Unterlandvogt in Elsass und Schultheiss zu Hagenau".[5]

§ 4. Die Landvögte unter König Wenzel.

Mit dem Tode des Herzogs von Luxemburg am 7. Dezember 1383 fiel die Landvogtei an das Reich zurück; zunächst scheint König Wenzel den vorigen Inhaber,

ULRICH VON FINSTINGEN,

in seinem Amte belassen zu haben; denn am 1. Februar 1384 schwur dieser wiederum Hagenau den Schutzeid.[6] Doch nicht lange mehr waltete er seines Amtes; im Monat Juli nämlich wurde er ersetzt durch den Edelknecht

VOLMAR VON WICKERSHEIM.

Am 7. jenes Monats gab dieser Hagenau[7] und am 12. Türkheim den Schwörbrief.[8] In zwei Briefen des Königs vom 18. Dezember 1384 und 7. August 1385 wird er als dessen Landvogt im Elsass bezeichnet.[9] Durch einen Brief vom 8. Dezember 1384 hat Wenzel die Stadt Kolmar benachrichtigt, dass er dem Volmar von Wickersheim die Landvogtei im Elsass samt allen Renten, Nutzen, Steuern und Rechten auf zwei Jahre übertragen habe;

---

[1] Kolm. CC Wenzels Aufforderungen an Kolm. vom Freitag nach St. Adolfstag — 5. September — 1382 u. Samstag vor St. Michaelstag — 26. September — 1383. Hag. CC 3 n 3 dat. Samstag vor St. Michaelstag 1383. -- [2] Rap. Urkb. II n 216; vgl. n 220. — [3] Weizs. R. A. 1 S. 412. — [4] Hag. AA 225 n 28 dat. Montag nach Oculi 1382. — [5] Mone 24 S. 178. — [6] Hag. AA 221 n 17 Orig. Perg. dat. an Lichtmessabend 1384; an demselben Tage leistete Göbel von Hert, welcher bereits seit dem 1. Dezember 1382 das Schultheissenamt bekleidet hatte, ebenfalls von neuem den Eid als Schultheiss. Hag. AA 225 n 29 u. n 30. — [7] Hag. Schwörtg. „Volmar von Wickersheim lantfougt hat gesworn V. post Ulrici 1384." Über die Edlen von Wickersheim vgl. Batt II S. 633 u. die Stammtafel S. XXXXII; als Schultheiss in Hagenau schwur am gleichen Tage Volmars älterer Bruder Johann von W. Hag. AA 225 n 31. Ihr Vater Volmar I. hatte von 1360 bis 1377 das Schultheissenamt siebenmal verwaltet. Hag. AA 225 n 13, 16, 17, 19, 24, 25, 26. — [8] Türkh. AA n 5 Orig. Perg. dat. Dienstag vor St. Margarethentag 1384. — [9] Strassb. Stadt-Arch. AA 107 n 38. Weizs. R. A. 1 S. 511, 8.

deshalb möge die Stadt ihre Reichssteuer an ihn entrichten;[1] in gleicher Weise wurde ihm die Steuer Hagenaus für 1384 und 1385 überwiesen.[2]

In der Hagenauer Anweisung vom 20. Juni 1384 ist Volmar ausdrücklich „Unterlandvogt" genannt. Diese Bezeichnung weist unzweifelhaft darauf hin, dass es damals einen Oberlandvogt gab, obgleich die Reichseinkünfte der Landvogtei dem Volmar gehörten.[3] Wahrscheinlich wird man den böhmischen Edeln

POTHO VON CHASTALOWITZ

als den eigentlichen Landvogt anzusehen haben; dieser nennt sich nämlich in Urkunden vom 1. März und 11. Mai 1385 „Hauptmann in Luxemburg und Landvogt des Elsass";[4] auf die Geschicke des Landes scheint er indessen nicht den geringsten Einfluss geübt zu haben, da sich nirgends eine Spur seiner Wirksamkeit findet.

Genau nach Ablauf von zwei Jahren ging die Landvogtei über in den Besitz des

STISLAW VON DER WEITENMÜHLE.

Am 27. Juli 1386 schwur er Hagenau, am 2. August Kolmar den Schutzeid.[5] In den Jahren 1386 und 1387 nahm er im Auftrage Wenzels die Steuern der Reichsstädte ein;[6] am 21. Dezember 1386 schlichtete Landvogt Stislaw im Verein mit Abgeordneten der Reichsstädte einen Streit Schlettstadts mit Oberehnheim.[7] Als in demselben Jahre Kolmar, Schlettstadt und Hagenau mit dem Kaiser in Streit gerieten wegen der Juden, suchte der Landvogt Stislaw durch gütliche Vorstellungen die Widersetzlichkeit der Reichsstädte zu brechen; da aber seine Vermittlung vergeblich war, so erklärte das Hofgericht jene Städte in die Reichsacht, und König Wenzel forderte in einem Briefe vom 18. Mai 1387 die Stadt Strassburg auf, seinen Landvogt Stislaw von der Weitenmühle und dessen Sohn Dietrich zu unterstützen im Kampfe gegen die geächteten Städte.[8] Am 19. Februar 1387 hatte der König die Reichsstädte des Elsass aufgefordert, gemeinsam mit Stislaw, ihrem Landvogt, den Bruno von Rappoltstein zu zwingen, den gefangenen englischen Ritter John Harlestone frei zu lassen.[9] Der Landvogt selber kündigte Strassburg am 7. Juni an, dass er in der Rappoltsteiner Angelegenheit einen Trg angesetzt habe zur Unterhandlung.[10]

---

[1] Reg. d. Anh. n 41. — [2] Reg. d. Anh. n 39 u. 40. — [3] Öfters wird ein Unterlandvogt in den Urkunden einfach als Landvogt bezeichnet, niemals aber wird der eigentliche Landvogt Unterlandvogt genannt. — [4] Public. de Luxemb. XXV S. 25. Vgl. Lindner, Gesch. Wenz. I S. 237. — [5] Hag. AA 221 n 10 Orig. dat. Freitag nach Jakobstag 1386; Kolm. AA Orig. dat. Donnerstag vor St. Oswaldestag. Zugleich mit ihm schwur sein Sohn Dietrich von der Weitenmühle als Schultheiss von Hagenau. Mone 24 S. 178. — [6] Vgl. die Reg. d. Anh. n 42 bis 45. — [7] Oberehnh. FF n 75. — [8] Strassb. St. Arch. AA 107 n 37. Dietrich ist nicht — wie Schöpflin Als. Ill. II S. 569 angiebt — als Unterlandvogt bezeichnet. — [9] Rap. Urkb. II n 275, 276 a, b. — [10] Rap. Urkb. II n 286.

Seit dem Februar des Jahres 1388 war

JOST VON MÄHREN

Pfandinhaber der Landvogtei im Elsass.[1] Am 25. jenes Monats teilte König Wenzel Hagenau mit, dass er seinem Vetter Jost die Landvogtei verschrieben habe; diesem solle die Stadt huldigen und gehorsam sein; am 9. Mai wiederholte er diese Mitteilung, indem er nachdrücklich hervorhob, dass alle Steuern und sämtliche Erträgnisse der Landvogtei dem Jost gehörten, ähnlich wie Herzog Wenzel von Luxemburg sie besessen habe; am 13. November 1388 erging an Hagenau und Kolmar der königliche Befehl, an Jost oder dessen Unterlandvogt die verfallene Martinssteuer zu bezahlen; am 20. November schärfte Wenzel noch einmal Hagenau und Schlettstadt ein, dass die Reichsstädte verpflichtet seien, die künftigen Steuern an den Markgrafen zu bezahlen.[2] Jost gab am 12. November 1390 Kolmar Quittung über die jüngst verfallene Reichssteuer[3] und bezeichnete ausdrücklich die für 1389 und 1391 beglaubigten Landvögte als „seine" Landvögte.[4]

Im Februar 1392 ernannte der Markgraf einen neuen Landvogt in der Person des Simon Wecker von Bitsch,[5] welcher die Bestätigung des Königs erhielt am 13. Februar 1392.[6] Am 14. Juni 1392 leistete Borziboy von Swinar Kolmar den Schutzeid; aus seinem Schwörbrief erfahren wir, dass König Wenzel und Markgraf Jost ihm die Landvogtei übertragen hatten; unter welchen Formen und Bedingungen dies geschehen war, ist nicht gesagt;[7] aber es scheint, dass Jost von jetzt ab förmlich ausser allen Beziehungen zur Landvogtei stand. Während Borziboys Verwaltung nämlich, die vom Juni 1392 bis zum November 1394 dauerte, ist nirgends mehr die Rede von Jost, und Ende 1394 übertrug Borziboy in Übereinstimmung mit König Wenzel die Landvogtei an Emich von Leiningen.[8] Nur wenn man annimmt, dass mit Borziboys Einsetzung Josts Pfandbesitz thatsächlich — wenn auch vielleicht nicht rechtlich — aufhörte, ist letzteres verständlich, und nur so ist es begreiflich, dass Jost 1394 beziehungsweise 1395 sich von neuem in den Pfandbesitz zu setzen trachtete.[9]

Während der Zeit der Verpfändung an Jost von Mähren blieb zunächst der vorhergehende Landvogt,

---

[1] Lindner. Gesch. Wenz. II S. 137 nimmt an, dass die Landvogtei des Elsass damals noch nicht in Josts Besitz übergegangen sei. — [2] Vgl. hierüber die R g. des Anh. n 46 bis 51. — [3] Kolm. CC Orig. dat. zu Prag Samstag nach St. Martin 1390. Jost nennt sich „des heiligen Römischen Reichs obrister Lantvogt zu Elsassen". — [4] Vgl. unten S. 28. — [5] Hag. AA 219 n 6 Orig. Brief Josts an Hag. dat. Prag 16. Februarius 1392. — [6] Wf,kelm. A. J. II n 995; ausserdem Wenzels Orig. Brief an Hagenau in den Reg. d. Anh. n 54. — [7] Vgl. unten S. 29. — [8] Vgl. unten S. 30. — [9] Lindners gelegentliche Anmerkungen über die elsässischen Landvögte sind durch meine Ausführungen wesentlich berichtigt.

Stislaw von der Weitenmühle,

noch bis zum Mai 1390 als Stellvertreter Josts; dieser nennt ihn am 17. August 1389 ausdrücklich seinen Unterlandvogt, an den Hagenau die Reichssteuer zu entrichten habe;[1] am 25. Juli 1389 wurde Landvogt Stislaw von dem Landfriedenshauptmann im Elsass, Ruprecht von der Pfalz, zu Unterhandlungen mit Strassburg ermächtigt;[2] als Landvogt des Elsass war er einbegriffen in dem von Wenzel am 21. Dezember 1389 errichteten Landfrieden;[3] an demselben Tage entbot der König ihm, den Bernhard von Beblenheim als Schultheissen von Mülhausen anzuerkennen;[4] zum zweiten Male wurde er hierzu aufgefordert am 28. April 1390.[5] Ende Mai 1390 wurde Stislaw von der Weitenmühle abgelöst durch

Rudolf, Abt von Murbach.

Am 1. Juni 1390 schwur dieser Hagenau den Schutzeid.[6] Jost liess durch ihn 1391 die Reichssteuern Hagenaus und Kolmars erheben.[7] Unterlandvogt Rudolf hatte in einem Streite Hagenaus mit den Fleckensteinern die Stadt unterstützt und dabei in den Reichsdörfern eine Schatzung vorgenommen, welche er zurück zu erstatten versprach, falls Markgraf Jost oder König Wenzel ihn entschädigen würden.[8] Am 5. April 1391 gebot Wenzel dem Landvogt, den Ulrich von Ebersheck im Besitze des Schultheissenamtes zu Mülhausen zu schützen.[9] Als Schiedsrichter waltet Rudolf am 9. August 1391;[10] am 11. August 1391 schloss er mit dem Bischof von Strassburg und andern Herren des Landes einen Bund gegen die Übergriffe des Landgerichts im Oberelsass;[11] König Wenzel befahl ihm am 16. Januar 1392 die Herren von Andlau im Besitze des Burgstalls von Lützelburg zu schirmen,[12] und meldete am 19. November 1390 den Reichsstädten, dass er dem Landvogte Abt Rudolf Gewalt gegeben habe, auch aus den Bürgerlichen taugliche Männer in den Rat zu setzen, weil ein grosser Mangel an tüchtigen Männern aus den edlen Geschlechtern herrsche.[13] Den Strassburger Ritter Thomas von Endingen setzte Landvogt Rudolf zum Schultheissen von Oberehnheim ein; als aber ein heftiger

---

[1] Hag. CC 3 n 11 dat. Prag Dienstag nach uns. Frauen Assumpt. 1389. — [2] Weiss. R. A. II S. 231 Anm. 1. — [3] Weiss. R. A. II S. 172. — [4] Cart. Mulh. I n 356. — [5] Cart. Mulh. I n 358. — [6] Hag. Schwört. „Rudolf apt zu Murbach lantfongt hat gesworn IV. ante corp. Christi 1390." — [7] Vgl. Josts Aufforderung an die Städte: Hag. CC 3 n 12 u. Kolm. CC dat. Sonnabend nach Franziskustag — 7. Oktober — 1391; Rudolfs Quitt. für Hag. Mone 24 S. 180. — [8] Batt II S. 693. — [9] Cart. Mulh. I n 362. — [10] Cart. Mulh. I n 366. — [11] Als. dipl. II S. 288. — [12] Reg. d. Anh. n 53. — [13] Reg. d. Anh. n 52.

Streit mit der Stadt entbrannte inbetreff des Confiskationsrechtes, enthob er ihn wieder seines Amtes.¹

Als Unterlandvogt Rudolfs hatte zugleich mit diesem am 1. Juni 1390

PETER VON SAINT-DIÉ

Hagenau den Schutzeid geschworen.² Im Dezember 1390 vermittelte er einen Vergleich in einem Streite Oberehnheims mit dem Ritter Stahel von Westhofen.³ Ähnlich wie Landvogt Abt Rudolf hat er 1391 mit Mülhausen zugunsten Ulrichs von Ebersbeek unterhandelt.⁴ Am 10. Dezember 1391 gab letzterer dem Unterlandvogt Peter Vollmacht, das Schultheissenamt zu Mülhausen für ihn zu besetzen.⁵

Rudolf Abt zu Murbach und Unterlandvogt Peter von Saint-Dié wurden ersetzt durch den Grafen

SIMON WECKER VON BITSCH.⁶

Im Februar 1392 wurde dieser von dem Pfandinhaber der Landvogtei, Jost von Mähren, erhoben und von König Wenzel am 13. desselben Monats bestätigt;⁷ am 8. April gab er Hagenau seinen Schutzbrief.⁸ Aber nicht lange blieb er in seinem Amte, denn bereits am 2. April 1392 hat König Wenzel den Reichsstädten geschrieben, dass sein Vetter Jost die Landvogtei im Elsass an

BORZIBOY VON SWINAR,

Pfleger zu Auerbach und Landvogt in Schwaben, übertragen habe.⁹ Borziboy selber meldete in einem Briefe vom 18. Mai 1392 an Heinrich Jungen in Mainz und in einem andern vom 19. Mai 1392 an Strassburg, dass er „in kurzer Zeit hinauf ins Elsass kommen werde, um das Land einzunehmen".¹⁰ Diese Absicht führte er in der That bald aus, denn bereits am 14. Juni 1392 leistete er Kolmar, am 21. Juni Hagenau den Schutzeid.¹¹ An Borziboy liess der König in den Jahren 1392, 1393 und 1394 die Martinssteuern entrichten;¹² im Mai 1393 erhielt der Bischof Burkhard von Konstanz die Erlaubnis, sich von jenem Landvogt die Belehnung erteilen zu lassen.¹³ In dem Kriege Wenzels gegen Strassburg im Jahre 1392 und 1393 hat Borziboy eine äusserst rege Thätigkeit

---

¹ Gyss I S. 184. — ² Hag. Schwört. „Peter von Sante Diedolt underlantfougt hat gesworn IV. ante corp. Christi 1390." — ³ Oberehnh. DD 10. Vgl. Gyss I S. 140. — ⁴ Cart. Mulh. I n 368. — ⁵ Cart. Mulh. I n 370. — ⁶ Über die Grafen von Zweibrücken-Bitsch handelt Lehmann in seiner Geschichte von Hanau-Lichtenberg II S. 179 ff. — ⁷ Vgl. oben S. 27 Anm. 5 u. 6. — ⁸ Hag. AA 221 n 24 Orig. dat. Montag vor d hl. Ostert. 1392. — ⁹ Mone 24 S. 180. Über Borzib. vgl. Lindner, Gesch. Wenz. II S. 6 u. bes. 103. — ¹⁰ Strassb. Stadt-Arch. AA 112 n 73 u. n 27 Orig. dat. Prag Samstag bezw. Sonntags vor ascens. Dom. 1392. — ¹¹ Kolm. AA dat. zu Kolm. Freitag nach Frohnleichnam 1392; Hag. Schwört. „Bursebom lantfougt hat gesworn VI. ante Joh. Bapt. 1392." — ¹² Reg. d. Anh. n 55 bis 61. — ¹³ Winkelm. A. J. II n 996.

entfaltet;[1] am 12. August 1393 verwandte er sich zugunsten der Bäcker Hagenaus bei der Stadt Strassburg;[2] am 18. Oktober schloss er mit Strassburg einen Münzvertrag;[3] am 10. November schlichtete er einen Streit inbetreff des Gerichtes zu Hagenau;[4] am 22. September 1394 wurde er vom Könige beauftragt, eine Geldunterstützung für diesen von den Städten des Elsass zu erwirken;[5] bereits am 1. und am 12. November 1393 hatte er von Kolmar Geldgeschenke für Wenzel in Empfang genommen.[6] Als Unterlandvogt Borziboys findet sich zunächst

Peter von Saint-Dié.

Münster hat dieser am 16. Juli, Hagenau am 28. Juli 1392 den Schutzeid geschworen;[7] am 1. Februar 1393 schlichtete er als Unterlandvogt im Elsass Grenzstreitigkeiten zwischen Oberehnheim und den Edlen von Ratsamhausen.[8] Im Oktober 1393 wurde er von Borziboy ersetzt durch den Ritter

Habart von Hertenberg.

Am 13. Oktober gab dieser Hagenau und am 18. Kolmar den Schutzbrief;[9] als Unterlandvogt bescheinigte er im Namen des Landvogts Borziboy Kolmar den Empfang der verfallenen Martinssteuer am 19. Dezember 1393 und am 30. Januar 1394;[10] am 10. November 1393 beglaubigte er eine Urkunde Borziboys;[11] in demselben Jahre entschied er einen Streit der Abtei Hohenburg mit Oberehnheim und Rosheim.[12] König Wenzel ermahnte am 7. Juni 1394 die Stadt Strassburg, den Unterlandvogt Habart aus der Gefangenschaft des Hanemann von Bitsch zu befreien.[13] Im November 1394 trat Landvogt Borziboy von Swinar von seinem Amte zurück, und es folgte

Emich von Leiningen.

In der Bestallungsurkunde vom 29. November 1394 erklärt der König, dass er von seinet- und des edlen Borziboy von Swinar wegen dem Grafen Emich von Leiningen die Landvogtei mit allen Renten, Nutzen und Gefällen auf ein Jahr und darnach bis auf Widerruf empfohlen habe. Er solle sie so

---

[1] Vgl. Lindner II S. 111 ff. Rap. Urkb. II n 346, 347, 348, 352, 353, 356, 359, 360, 373, 379, 435. Weitere Belege wird die Fortsetzung des Strassb. Urkb. bringen. — [2] Strassb. Stadt-Arch. AA 112 n 34 Orig. dat. Hag. Dienstag n. Laurentii 1393. — [3] Hegel, Chron. v. Strassb. II S. 996. — [4] Hag. FF 147 n 4 dat. Hag. an St Martinsabend 1393. — [5] Weizs. R. A. II n 239. — [6] Vgl. die Quitt. darüber Kolm. CC dat. zu Hag. an Allerheil. n. dat. zu Baden Mittwoch nach St. Martin 1393. — [7] Münst. AA 39 Orig. dat. fer. III. post Margarethentag; Hag. Schwört. „Peter von Sante Diedalt vnderlantfougt hat gesworn dominica post Jacobi 1392." — [8] Oberehnh. DD 106 dat. Lichtmessaabend 1393. — [9] Hag. AA 221 n 25 Orig. dat. Montag vor St. Gallen; Kolm. AA Orig. dat. Samstag nach St. Gallen 1393. Hertenberg bei Geberschweier, Ob.-Els. Vgl. Als. ill. II S. 83. — [10] Kolm. CC dat. fer. VI. ante Thome 1393 u. dat. fer. VI. ante Purific. Mar. 1394; als Vogt zu Kaisersberg hatte er am 25. November 1392 Kolmars Reichssteuer für Wenzel erhoben. Kolm. CC dat. ipso die bt. Cath. 1392. — [11] Vgl. oben Anm. 4. — [12] Oberehnh. DD 40. — [13] Vgl. Strassb. Stadt-Arch. AA 107 n 70.

geniessen und verwalten wie er sich mit Borziboy darüber geeinigt habe.[1] Wie diese Einigung erfolgte, ist nicht zu ermitteln.

Graf Emich von Leiningen leistete Hagenau den Schutzeid am 2. Januar und Kolmar am 8. Januar 1395.[2] Am 14. April 1395 hielt Landvogt Emich zu Oberehnheim einen Städtetag;[3] acht Reichsstädte beschlossen hier einen Freundschaftsbund unter dem Schutze des Landvogts; am 9. Juni wurde dieser nebst dem östreichischen Landvogt als Schiedsrichter bestellt in einer Streitsache Mülhausens; sie fällten den Schiedsspruch am 12. August.[4] Am 27. desselben Monats schloss Landvogt Emich, gemäss einem Auftrage Wenzels vom 24. Mai 1395, eine Vereinbarung mit Hagenau, wonach die Stadt dem König 2500 Gulden zu bezahlen hatte;[5] am 13. Oktober vermittelte er einen Landfriedensbund im Elsass.[6]

Im Mai 1394 war König Wenzel von Jost gefangen genommen worden; seine Gefangenschaft dauerte bis in den August. Schon im Mai liess sich Jost zum Starosten von Böhmen ernennen und die Verpfändung der elsässischen Landvogtei erneuern.[7] Wie indessen die voraufgegangenen Ausführungen beweisen, ist die während König Wenzels Gefangenschaft erneuerte Verpfändung damals nicht verwirklicht worden. Im Mai 1395 wollte Jost von neuem durchsetzen, dass ihm die elsässische Landvogtei übertragen werde.[8] An Stelle des Grafen Emich von Leiningen sollte damals, wahrscheinlich auf Josts Wunsch, Graf Friedrich von Öttingen zum Landvogt ernannt werden;[9] doch scheint ein Zwist Borziboys mit dem Öttinger, sowie die Gefangennahme des Jost durch Wenzel im Juni 1395 den Übergang der Landvogtei verzögert zu haben. Emich von Leiningen amtierte, wie wir gesehen haben, noch im Oktober, beziehungsweise November 1395. Gegen Ende des Jahres aber vollzog sich thatsächlich die Verpfändung an

JOST VON MÄHREN.

In nachdrücklichem Schreiben vom 2. September 1395 hatte Wenzel den

---

[1] Cart. Mulh. I n 374. — [2] Hag. Schwört. „Grave Emich von Linyngen lantfogt hat gesworn sabb. ante Epiff. domini 1395"; Kolm. AA dat. zu Kolmar Freitag nach dem zwölften Tage 1395. — [3] Cart. Mulh. I n 379. — [4] Cart. Mulh. I n 380 u. 382. — [5] Vgl. die Reg. des Anh. n 62 u. Hag. CC 3 n 19 bis Emichs Vereinbarung, dat. Freitag nach St. Bartholom. 1395. — [6] Als. dipl. II S. 295. Wahrscheinlich gehört in diese Zeit ein Brief Wenzels vom 6. November an den Landvogt Emich von Leiningen, wodurch er ihn beauftragte, die Angelegenheit des elsässischen Landfriedens ruhen zu lassen bis St. Georgentag des folgenden Jahres; der cop. Brief — Strassb. Stadt-Arch. AA 107 — ist datiert: Prag, an sant Leonarditag, unser rich des Beheimischen in dem XXXIII u. des Röm. in dem XV. Jahre. Weizsäcker R. A. II n 120 nimmt an, der Abschreiber habe fälschlich XXXIII statt XXVIII gelesen; indessen ist XXXIII beizubehalten und statt XV ist XX zu setzen! — [7] Lindner, Gesch. Wenz. II S. 197. — [8] Lindner II S. 211. — [9] Weizs. R. A. II n 242.

Reichsstädten die Verpfändung an Jost mitgeteilt;[1] dieser beanspruchte in Schreiben vom 28. Oktober an Hagenau, Kolmar und Türkheim die künftigen Reichssteuern für sich[2] und ernannte um diese Zeit zu seinem Landvogt den Grafen Simon Wecker von Zweibrücken-Bitsch.[3] Am 9. Juni 1396 befahl Jost dem Landvogt in Elsass, den Bruno von Rappoltstein bei den Privilegien zu lassen, die er vom römischen Könige über das halbe Umgeld und das Schultheissenamt zu Schlettstadt habe.[4] Um dieselbe Zeit forderte er den Landvogt und die Reichsstädte auf, die Stadt Strassburg anzuweisen, dass sie sich in ihrem Streite mit Bruno von Rappoltstein an die vom Könige gefällte Entscheidung halte.[5] Markgraf Jost von Mähren blieb rechtlich mit der Einwilligung des Königs die ganze folgende Regierungszeit desselben im Pfandbesitz der Landvogtei. Im Februar 1397 gelobte Jost, falls er ohne Erben sterbe, solle die Landvogtei an König Wenzel zurückfallen;[6] um dieselbe Zeit übertrug er mit königlicher Einwilligung die Landvogtei an Borziboy von Swinar.[7] Auch nach dieser Übertragung erscheint Jost mehrere Male in Urkunden neben König Wenzel als derjenige, welcher über den jedesmaligen Landvögten steht und in Angelegenheiten der Landvogtei Verfügungen zu treffen berechtigt ist. In einem Schreiben vom 4. Juni 1397 an den Unterlandvogt Borziboys, Emich von Leiningen, erkannte der König ausdrücklich an, dass die Landvogtei im Elsass dem Markgrafen Jost von Mähren verpfändet sei mit dem Recht alle Beamten zu ernennen.[8] Aus einem andern Briefe Wenzels vom 19. Oktober 1397 erhellt, dass dieser Jost das Recht zuerkannte, in Angelegenheiten der Reichsstädte Entscheidungen zu treffen.[9] Am folgenden Tage betonte der König gegenüber den Ansprüchen, welche Bruno von Rappoltstein auf das Schultheissenamt und das halbe Umgeld zu Schlettstadt erhob, dass dem Markgraf Jost die Entscheidung darüber zukomme.[10] Am 10. November 1400 teilte Markgraf Jost selber den elsässischen Reichsstädten mit, dass er die Landvogtei im Elsass dem Grafen Johann von Sponheim empfohlen habe.[11] Auch unter König Ruprecht suchte der Markgraf von Mähren sein Pfandrecht noch geltend zu machen; denn wir erfahren, dass König Ruprecht geneigt war, die Ansprüche desselben 1402 mit Kaisersberg, Münster und Türkheim,

---

[1] Cart. Mulh. I n 383. Für Hag. u. Kolm. vgl. die Reg. d. Anh. n 63 u. 64. — [2] Hag. CC 3 n 16; Kolm. CC; Türkh. CC; diese 3 Briefe Josts sind dat. Prag Sim. u. Jud. 1395; am 23. Februar 1396 bescheinigte Johann Baldac, des Markgrafen Diener, der Stadt Kolmar den Empfang ihrer Reichssteuer von 1395. Kolm. CC dat. Mittwoch vor St. Mathis 1396. — [3] Vgl. unten S. 33. — [4] Rap. Urkb. II n 455; vgl. 453. — [5] Rap. Urkb. II n 456. — [6] Lindner II S. 227. — [7] Siehe unten S. 33 Anm. 7. — [8] Cart. Mulh. I n 388. Das Datum ist von Mossm. im 2. Bande berichtigt. — [9] Cart. Mulh. I n 410. — [10] Rap. Urkb. II n 599. — [11] Cart. Mulh. I n 435. Vgl. auch 434.

oder auch einer Geldsumme zu befriedigen.¹ Wenn wir nun auch rechtlich Jost als Pfandinhaber der Landvogtei seit dem November 1395 zu betrachten haben, so gestalteten sich thatsächlich die Verhältnisse doch anders, insofern seitens der Reichsstädte die Verpfändung nicht anerkannt wurde. Dem ersten von Jost ernannten Landvogt Simon Wecker von Bitsch huldigten die Bürger Mülhausens „nit in phandes wise" sondern „in alle die wise, als su andern lantvogten gesworen und gehuldet hant."² Hagenau und Kolmar liessen den Unterlandvogt Emich von Leiningen in seinem Schwörbriefe ausdrücklich erklären, dass diese Städte ihm nicht gehuldigt hätten, als ob sie und des hl. Reiches Pfleg dem Jost von Mähren verpfändet seien, sondern dass sie ihn nur im Namen des römischen Königs und des Reichs empfangen hätten.³ Aus diesem Widerstand der Reichsstädte mag es wohl zu erklären sein, dass bei den ferneren Verfügungen über die Landvogtei Jost nicht mehr ausdrücklich hervortritt.

Wenn wir nun die Frage nach den eigentlichen Landvögten und Unterlandvögten für diese Zeit prüfen, so begegnet uns zuerst

Simon Wecker, Graf von Zweibrücken, Herr zu Bitsch.

Am 3. Dezember schwur er Hagenau, am 15. Kolmar, am 16. Mülhausen den Schutzeid und zwar im Auftrage des Königs Wenzel und des Markgrafen Jost.⁴ Durch einen Brief des Peter von Schuttern und des Heintzemann, Schultheissen zu Gemar, vom 19. Mai 1396 an den Landvogt Simon Wecker wurden die Bürger Gemars gegen Klagen der Stadt Kolmar verteidigt.⁵ Am 24. Juni 1396 schloss jener Landvogt eine Einigung zwischen dem Markgrafen Bernhard zu Baden und der Stadt Hagenau inbetreff der gegenseitigen Gerichtsbarkeit.⁶ Bis zum Februar 1397 ist Simon Wecker Landvogt gewesen; am 20. dieses Monats teilte Markgraf Jost den Reichsstädten mit, dass er ihn abgesetzt und dem

Borziboy von Swinar

die Landvogtei im Elsass mit „allen Rechten, Renten, Nutzen und Gefällen bevolhen und verschrieben habe."⁷ Bereits am 14. Februar hatte König Wenzel die Reichsstädte ermahnt, dem Borziboy als Landvogt gehorsam zu sein.⁸ Für die Jahre 1396, 1397 und 1398 überwies der König die Martinssteuern an ihn und seine Unterlandvögte;⁹ ihn beglaubigte er bei Frankfurt am 30. April

---

¹ Weiss. R. A. V S. 415, 33. — ² Cart. Mulh. I ⁿ 386. — ³ Vgl. unten S. 34 Anm. 9. — ⁴ Hag. Schwört. „Simon Wecker von Bitsche lantfougt hat gesworn VI. ante Nicolai 1395;" Kolm. AA dat. Mittwoch nach St. Lucientag; Cart. Mulh. I ⁿ 386. — ⁵ Rap. Urkb. II ⁿ 452. — ⁶ Hag. FF 147 ⁿ 5 dat. 1396 an St. Johann Baptist. — ⁷ Hag. AA 219 ⁿ 7 Orig. Brief dat. Prag Dienstag vor St. Petri Stuhlfeier 1397. — ⁸ Reg. des Anh. ⁿ 65. — ⁹ Vgl. Reg. des Anh. ⁿ 66 bis 75.

1397 und am 21. Januar 1898.¹ Auf dem Tage zu Frankfurt führte Landvogt Borziboy Klage wegen der Johanniter zu Hagenau.² An denselben Landvogt und den Pfandinhaber Jost hatte sich Bernhard von Beblenheim gewendet, um seine Ansprüche auf das Schultheissenamt zu Mülhausen geltend zu machen. Borziboy trat deshalb am 19. Juni 1397 bei seinem Unterlandvogt Emich von Leiningen für ihn ein.³ Am 15. August beglaubigte Landvogt Borziboy bei Strassburg den Ritter Heinrich Comere;⁴ am 11. Februar 1398 belehnte er den Andreas von Hungerstein im Auftrage Wenzels mit der Hofstatt zu Oberehnheim;⁵ gegen eine Zollverleihung zu Selz hatte er Einsprache erhoben, wurde aber mit seinen Ansprüchen am 9. April 1398 von Wenzel abgewiesen.⁶ Vom Bunde der elsässischen Reichsstädte war Borziboy zum Landfriedenshauptmann erwählt worden; der König lobte am 21. Juni 1398 diese Wahl, empfahl aber den Reichsstädten, sich einstweilen mit dem Unterlandvogt Dietrich von der Weitenmühle zu begnügen.⁷ Am 6. März 1397 hatte Landvogt Borziboy den Reichsstädten mitgeteilt, er könne selber jetzt nicht nach dem Elsass kommen; daher ernenne er den Grafen

EMICH VON LEININGEN

zu seinem Stellvertreter;⁸ am 12. März schwur dieser Hagenau, am 16. Kolmar;⁹ am 18. März 1397 bestimmte er einen Schiedsrichter in Streitigkeiten wegen Reichslehen;¹⁰ am 19. März 1397 gab Landvogt Emich Kolmar Quittung über die Reichssteuer vom Jahre 1396.¹¹ Wenzel gab ihm am 12. April den Auftrag, einen Landfrieden im Elsass zu errichten.¹² Emich von Leiningen wurde im Herbst 1397 ersetzt durch

DIEDRICH VON DER WEITENMÜHLE.

Dieser schwur Hagenau am 13. und Kolmar am 18. Oktober.¹³ Der König befahl ihm am 28. April 1398, er solle, ohne seinen Oberlandvogt Borziboy zu befragen, die Johanniter in die Pfarrkirche zu Hagenau einführen;¹⁴ für die Jahre 1397 und 1398 überwies er an ihn die Steuern der Reichsstädte.¹⁵ Am 14. und 17. Februar 1398 quittierte Landvogt Diedrich Kolmar über je 200 Mark

---

¹ Weizs. R. A. II S. 450 u. R. A. III S. 3, 30. — ² Weizs. R. A. II S. 470, vgl. S. 471 n 296 u. 297. — ³ Cart. Mulh. I n 404. — ⁴ Strassb. Stadt-Arch. AA 113 n 55. — ⁵ Oberehnh. DD 7 dat. Montag vor Valentin 1398. — ⁶ Winkelm. A. J. II n 1000. — ⁷ Als. dipl. II S. 302. — ⁸ Hag. AA 219 n 9 Orig. Brief Borziboys dat. Dienstag vor Invocavit 1397. — ⁹ Kolm. AA 221 n 26 Orig. dat. St. Gregorientag 1397; Hag. AA 219 n 10 Orig. Brief Emichs von demselben Tage enthält die Erklärung, dass ihn „die Hagenauer nit entpfiengent in der mazzen daz die stat Hagenow vnde des richs pflegede pfant sie dem . . . . Jost marggrawen zu Meren vnd daz sü vns nit anders zu lantvogte entpfangen habent danne in namen des römischen kuniges vnd des riches". Kolm. AA Orig. dat. Freitag nach Gregor. — ¹⁰ Cart. Mulh. I n 400. — ¹¹ Kolm. CC dat. Kaisersberg Montag nach Reminiscere 1397. — ¹² Weizs. R. A. II S. 172 Anm. — ¹³ Hag. AA 221 n 27 Orig. dat. Samstag vor St. Gallen 1397; Kolm. AA Orig. dat. Donnerstag nach St. Gallen. — ¹⁴ Reg. d. Anh. n — 73, ¹⁵ Reg. d. Anh. n 70, 74, 75.

der letztverfallenen Martinssteuer;[1] am 1. April nahm er von Oberehnheim ein Geldgeschenk für den König ein;[2] den Reichstag zu Frankfurt hatte er besucht und berichtete am 19. Dezember 1397 darüber an Strassburg.[3] Inbetreff des Schultheissenamtes zu Mülhausen waren zwischen der Stadt und dem Landvogt Streitigkeiten entstanden, infolgedessen 1398 wiederholt die königliche Vermittlung angerufen wurde.[4] Am 11. März 1398 nahm Diedrich Teil an einer geplanten elsässischen Landfriedenseinigung;[5] er selber vollzog die diesbezügliche Urkunde, indem er sein Siegel daran hängte und die Reichsstädte am 25. April ermahnte, dasselbe zu thun.[6] Wenn auch hierin sein Bemühen erfolglos blieb, so gelang es ihm doch, am 11. Mai 1398 einen Bund zwischen Hagenau und Strassburg zu schliessen;[7] am 29. August 1399 ging er einen Frieden mit Mülhausen ein;[8] noch am 27. September 1399 urkundete er als Landvogt in Elsass,[9] obschon Mülhausen bereits am 14. September dem neuen Landvogt gehuldigt hatte.

Schon am 30. August 1399 hatte König Wenzel den Reichsstädten die Ernennung des Grafen

FRIEDRICH VON LEININGEN

zum Landvogt des Elsass mitgeteilt, indem er sie aufforderte, an diesen die Reichssteuer zu entrichten.[10] Am 14. September schwur Friedrich Mülhausen, am 16. Hagenau, am 20. Kolmar;[11] in dem Schwörbrief für Kolmar beruft er sich darauf, dass er von König Wenzel zum Landvogt gesetzt sei, und in dem für Mülhausen bekennt er, dass die Stadt ihn anstatt des römischen Kaisers und des Reiches als Landvogt empfangen habe. Nirgends findet sich eine Andeutung, dass Borziboy noch in Beziehung zur Landvogtei stand; wahrscheinlich hatte er infolge eines Vergleiches mit Wenzel und Jost gütlich darauf verzichtet.[12] Im Auftrage Wenzels nahm Landvogt Friedrich von Leiningen 1399 die Steuern der Reichsstädte ein.[13] In einer Fehde mit den

---

[1] Kolm. CC dat. Strassb. an St. Valentinstag u. Sonntag nach Valent. 1398: der Landvogt hatte je 200 Gulden von Kolmars Reichssteuer dem Nicolaus von Wolau und den Brüdern Hess und Hensel Pfaffenlapp angewiesen. Vgl. des ersteren Quitt. Kolm. CC Sonntag nach Valent. u. den Brief der letzteren, Montag nach Oculi 1398. — [2] Oberehnh. CC 63 dat. Montag nach dem Palmtag 1398. — [3] Weizs. R. A. III n 33. — [4] Cart. Mulh. I n 410, 411, 413. — [5] Weizs. R. A. III S. 10. — [6] Als. dipl. II S. 302. — [7] Weizs. III S. 10 Anm. 4. — [8] Cart. Mulh. I n 426; vgl. n 428. — [9] Cart. Mulh. II n 427 bis. — [10] Mone 24 S. 182 u. Reg. d. Anh. n 76. — [11] Cart. Mulh. I n 427; Hag. AA 221 n 28 Orig. dat. Dienstag nach der hl. Kreuzestage im Herbst 1399; Kolm. AA dat. an Matheusabend des Zwölfboten 1399. — [12] Gestorben ist er noch nicht, denn er war später noch im Interesse Wenzels thätig. Vgl. Weizs. R. A. IV S. 163. — [13] Reg. d. Anh. n 76 u. 77. Der Landvogt quittierte Kolmar am 5. Februar 1400 über die Martinssteuer von 1399, Kolm. CC dat. fer. V. post Purific. Mar. 1400. In seinem Namen hatte Jakob Lericke von Dirmestein, Vogt zu Kaisersberg, Kolmar am 18. Dezember 1399 über 200 Gulden von jener Steuer quittiert, Kolm. CC dat. Donnerstag vor Thom. Apost. 1399.

Herrn von Lichtenberg schloss er zu wiederholten Malen einen Vergleich, so im Oktober 1399, im Januar und März 1400.[1] Am 27. Juli 1400 wurde er von Bischof Wilhelm von Strassburg ersucht, einen Tag anzusetzen wegen der „Stösse", welche die Bischöflichen mit Hagenau gehabt hätten;[2] in demselben Jahre schlichtete er einen Streit der Stadt Oberehnheim mit ihrem ehemaligen Schultheissen Thomas von Endingen.[3] Im August 1400 wurde Friedrich von Leiningen ersetzt durch

DIEDRICH VON DER WEITENMÜHLE.

Hagenau erhielt von diesem den Schutzbrief am 9., Kolmar am 21., Mülhausen am 24. August.[4] Auch er beruft sich in dem Schwörbriefe für Kolmar darauf, dass König Wenzel ihm die Landvogtei übertragen habe; den Waffenstillstand der Lichtenberger mit Hagenau verlängerte er bis zum 16. Oktober;[5] an diesem Tage wurde zu Hagenau vor dem Landvogt Diedrich eine Urfehde geschworen zwischen Ottemann von Ochsenstein und Bechtold Betschel von Reichshofen.[6] Aus einem Briefe des Markgrafen Jost an Strassburg erfahren wir, dass Diedrich von der Weitenmühle Ende Juli 1400 bei ihm und bei König Wenzel in Prag gewesen war und ihnen über Strassburgs Verhalten zur Sache Wenzels günstig berichtet hatte;[7] wahrscheinlich wird Diedrich damals für die Landvogtei ausersehen worden sein. Am 24. Oktober schrieb König Wenzel selber an Strassburg, die Stadt möge ihm treu bleiben und zu seinem Landvogt Diedrich halten;[8] dieser jedoch scheint bald darauf — samt den meisten elsässischen Reichsstädten — in der Treue und Ergebenheit gegen den rechtmässigen Herrn und König wankend geworden zu sein;[9] denn König Wenzel und Markgraf Jost machten — allerdings vergeblich — den Versuch, die Landvogtei des Elsass dem Grafen

JOHANN VON SPONHEIM

zuzuwenden; am 6. November 1400 nahm Wenzel die Übertragung vor.[10] Die Reichsstädte wurden vom Könige am 7., von Jost am 10. November zum Gehorsam gegen den neuen Landvogt ermahnt.[11]

---

[1] Hag. EE 37 n 31, 33 u. 34. — [2] Hag. EE 42 n 23 Orig. Brief des Bisch. dat. Dachstein Dienstag nach St. Jakobstag 1400. — [3] Oberehnh. FF 1; vgl. Gyss I S. 184. — [4] Hag. Schwört. „Didrich zur Witenmulen, lantfougt, hat gesworn ouch also grafe Friderich vigil. Laurent. 1400." Kolm. AA Orig. dat. Samstag vor St. Bartholom. 1400; Cart. Mulh. I n 433. — [5] Hag. EE 37 n 35. — [6] Batt II S. 344. — [7] Weizs. R. A. III S. 223 Anm. — [8] Weizs. R. A. III n 238. — [9] Vgl. Weizs. R. A. IV S. 199 Anm. u. Chmel Reg. Rup. n 25 bis 31. — [10] Cart. Mulh. I n 434. — [11] Cart. Mulh. I n 435 u. Reg. d. Anh. n 78.

§ 5. Die Landvögte unter Ruprecht von der Pfalz.

Ruprechts Erhebung zum römischen König fand in Elsass keinen erheblichen Widerstand. Nachdem er am 24. November seinen Einzug in die Residenz der Landvogtei gehalten hatte,[1] ernannte er die Herren Hanemann und Schwarz Reinhard von Sickingen zu seinen Landvögten.

HANEMANN VON SICKINGEN

nämlich schwur Hagenau den Schutzeid bereits am 27. November;[2] über seine sonstige Thätigkeit als Landvogt findet sich nirgends eine Spur.[3]
In königlichen Urkunden vom 26. November 1400 wird auch

SCHWARZ REINHARD VON SICKINGEN

als Landvogt im Elsass bezeichnet; in dieser Eigenschaft nämlich wurde er von Ruprecht beauftragt, die Huldigung der elsässischen Reichsstädte für ihn entgegen zu nehmen.[4] Indessen verzögerte sich sein Amtsantritt dadurch, dass er als Kriegshauptmann nach dem Böhmerwalde zog, wo er den Kampf gegen Wenzel mit Glück eröffnete.[5] Am 1. März 1401 forderte Ruprecht die Reichsstädte nachdrücklich auf, dem Schwarz Reinhard von Sickingen als Landvogt zu huldigen[6]; dieser schwur Hagenau den Schutzeid am 14. März 1401[7] und schrieb am 20. März an Mülhausen, dass er gesonnen sei, seinen Umritt zu halten, um die Huldigung der Reichsstädte entgegen zu nehmen.[8] Türkheim erhielt seinen Schutzbrief am 21., Kolmar am 22. Mai.[9] Um diese Zeit bemühten sich die Herzöge von Östreich, die Landvogtei des Elsass in ihren Pfandbesitz zu bringen; König Ruprecht aber war nicht gewillt, des Reiches Gut so bald zu verschleudern und fertigte die Wünsche der Östreicher mit der Bemerkung ab, „die Städte lassen sich nicht versetzen".[10] Auch der Markgraf Jost von Mähren hat damals seine alten Ansprüche geltend gemacht.[11]

Schwarz Reinhard von Sickingen ist sodann während der ganzen

---

[1] Weizs. R. A. IV n 192. — [2] Der Schwörbrief ist gedruckt in Mone, Ztsch. IV S. 169. — [3] Ruprecht nennt ihn am 24. Februar 1401 in der Verfügung über die Steuer Hagenaus seinen „Vicedom" zu Neustadt. Chmel n 187. — [4] Cart. Mulh. I n 436 n. Reg. des Anh. n 79. — [5] Vgl. hierüber die Fortsetz. der „Flores temporum" von Reinbold Slecht in Ztsch. für Gesch. d. Ober-Rheins 1894, IX. Bd. 1. Heft S. 92. — [6] Weizs. R. A. IV S. 227 Anm. 2. — [7] Hag. Schwört. „Herr Swart Reinhard ritter lantfougt hat ouch gesworn als grafe Fridrich fer. II. post lactare 1401." — [8] Cart. Mulh. I n 439. — [9] Türkh. AA Orig. dat. am Pfingstabend; Kolm. AA Orig. dat. am Pfingstfest 1401. — [10] Weizs. R. A. IV S. 343. — [11] Vgl. oben S. 33 Anm. 1.

Regierungszeit Ruprechts der alleinige Landvogt des Elsass geblieben.[1] Diese Stetigkeit in der Verwaltung nach jenen Zeiten der schwankenden, vielfach angefeindeten Herrschaften, musste beiden Teilen, dem Könige und dem Elsass, grossen Nutzen bringen, — zumal da der Landvogt eine ungemein rührige und vielseitige Thätigkeit entfaltete. Mit stolzer Befriedigung konnte dann auch König Ruprecht sich rühmen, dass unter seiner Regierung die Landvogtei des Elsass herrlich aufgeblüht sei.

Am 10. Mai 1408 verpfändete Ruprecht die Landvogtei auf Lebenszeit an seinen ältesten Sohn Ludwig, den mutmasslichen Erben der Rheinpfalz, welcher die Verpflichtung übernahm, jährlich 2000 rheinische Gulden an Kaiser und Reich zu bezahlen. „Pfalz und Landvogtei, so innig verwachsen durch ihre Lage und verbunden in ihren Interessen, sollten dadurch in den Stand gesetzt werden, hinfort mit vereinten Kräften ihren Schutz und ihre Wohlfahrt zu fördern."[2] Über hundert Jahre sind in der Folgezeit die Geschicke der Rheinpfalz und der Landvogtei im Elsass aufs engste verknüpft gewesen.

§ 6. Verzeichnis der Landvögte.

1310 April — 1313 Aug.	GOTTFRIED VON LEININGEN; FRIEDRICH VON WANGEN, Unterlandvogt, 1312—1313.
1315 März — 1322 Sept.	OTTO IV. VON OCHSENSTEIN, Landvogt FRIEDRICHS.
1323 Jan. — 1324 ?	HEINRICH VON FINSTINGEN und ALBRECHT HUMMEL VON LICHTENBERG, Landvögte LUDWIGS.
1324 Okt.	ULRICH, Landgraf des Niederelsass, Landvogt LUDWIGS.
1326—1327 Okt.	OTTO IV. VON OCHSENSTEIN, Landvogt FRIEDRICHS.
1328 Feb. — 1330 Jan.	RUDOLF VON OCHSENSTEIN, nebst JOHANN und OTTO VON OCHSENSTEIN, Landvögte FRIEDRICHS.
1330 April — Aug.	ALBRECHT HUMMEL VON LICHTENBERG; KONRAD, Herzog von Urslingen, Unterlandvogt, 1330 März.
1330 Aug. — 1331 Dez.	ULRICH VON WÜRTEMBERG.
1331 Dez. — 1336 Jan.	RUDOLF VON HOHENBERG; JOHANN VON RAPPOLTSTEIN, Unterlandvogt, 1334 Aug.

---

[1] Inbetreff Ruprechts Verfügungen über die Reichssteuern vgl. Chmel Reg. Rupr. n 187, 1302, 1641, 1891, 2086, 2206, 2636, 2799. Der Reichsvikar Pfalzgraf Ludwig liess 1401 die Martinssteuern durch den Landvogt Schwarz Reinhard von Sickingen einziehen; Hag. CC 4 n 2 u. Kolm. CC Orig. dat. Heidelberg an St. Barbarentag 1401. Der Landvogt quittierte Kolmar über die Reichssteuer 1401 Montag nach Margarethentag, 1402 Sonntag nach Pauli Bekehrung, 1404 Sonntag vor Mathiastag, 1405 Dienstag vor Valentin. Kolm. CC. — [2] Cart. Mulh. I n 459. Weizs. R. A. VI S. 252 Anm.

1337 Nov.	ALBRECHT, HUGO, HEINRICH VON HOHENBERG, Landvögte; und zwar:
1336—1338.	HUGO VON HOHENBERG.
1338—1341.	ALBRECHT VON HOHENBERG.
1341 Herbst — 1347 Okt.	Herzog STEPHAN VON BAIERN, Inhaber der Landvogtei; Unterlandvögte waren: 1. HEINRICH ISOLSRIEDER, 1342 Febr. 2. GERWIG GUSSE VON GUSSENBERG, 1342 Okt. 3. LUDWIG und FRIEDRICH VON ÖTTINGEN, 1344 Febr. bis 1347 Okt.
1348 Jan. — 1349 Sommer.	JOHANN VON FINSTINGEN, Pfandinhaber.
1349 Sommer — 1353 Sept.	Pfalzgraf RUDOLF, Pfandinhaber; Landvögte waren: 1. KUNO VON REIFFENBERG, 1349. 2. HUGO VON HOHENBERG, 1350 Okt. — 1353 Okt.
1354 Okt. — 1355.	HUGO VON DIRNSTEIN.
1355 Aug. — 1357 Juli.	BURKHARD VON MAGDEBURG; · STISLAW VON DER WEITENMÜHLE, Unterlandvogt, 1355 Aug. bis 1357 Juli.
1357 Juli — 1359 Herbst.	RUDOLF, Herzog von Östreich; Unterlandvögte waren: 1. MARTIN VON BIBER, 1357 Sept. — 1359 März. 2. ULMANN VON PFIRT, 1359 März — Aug. 3. FRIEDRICH VON TECK, 1359 Aug. — Okt.
1359 Okt. — 1363 Febr.	BURKHARD VON MAGDEBURG; STISLAW VON DER WEITENMÜHLE, Unterlandvogt, 1359 Okt. bis 1363 Febr.
1363 Febr. — 1367 März.	Burggraf FRIEDRICH V. VON NÜRNBERG; HANS VON FESTENBERG, Unterlandvogt, 1363 Febr. bis 1367 März.
1367 März — 1371 Okt.	WENZEL VON LUXEMBURG, Inhaber der Landvogtei; seine Landvögte waren: 1. HUBART VON ELTER, 1367 April — Juli. 2. ULRICH VON FINSTINGEN, 1367 Juli — 1369 Dez. 3. STISLAW VON DER WEITENMÜHLE, 1369 Dez. — 1370 Mai. 4. ULRICH VON FINSTINGEN, 1370 Mai — 1371 Okt.
1371 Okt. — 1374 Okt.	ALBRECHT und LEOPOLD VON ÖSTREICH, Pfandinhaber; deren Stellvertreter waren: 1. WALTER VON DER DICKA, 1371 Okt. — 1372 Febr. 2. RUDOLF VON WALDSEE, 1372 Mai (Febr.) — 1373 Okt.; dessen Unterlandvogt war: JOHANNES MURLIN, 1372 Febr. — 1873 Okt.

	3. Peter von Horberg, 1373 Okt. — 1374 Jan.; dessen Unterlandvogt war: Burkhard Münch von Landskron, 1373 Okt. — 1374 Jan.
	4. Rudolf von Habsburg, 1374 Jan. — Okt.
1374 Okt. — 1377 Sept.	Die Baiernherzöge Stephan und Friedrich, Pfandinhaber; Unterlandvögte waren:
	1. Ulrich von Lichtenseck, 1374 Okt. — 1376 Febr.
	2. Stislaw von der Weitenmühle, 1376 Febr. — 1377 Sept.
1377 Sept. — 1383 Dez.	Wenzel von Luxemburg, Pfandinhaber; Stellvertreter waren:
	1. Ulrich von Finstingen, 1377 Nov. — 1381 Aug.
	2. Clauss von Grossstein, 1381 Aug. — 1382 März.
	3. Ulrich von Finstingen, 1382 März — 1383 Dez.
1384 Febr. — Juli.	Ulrich von Finstingen.
1384—1386.	Potho von Chastalowitz; Volmar von Wickersheim, Unterlandvogt, 1384 Juli bis 1386 Juli.
1386 Juli — 1388 Febr.	Stislaw von der Weitenmühle.
1388 Febr. — 1392 Juni.	Jost von Mähren, Pfandinhaber; die Landvögte für diese Zeit sind:
	1. Stislaw von der Weitenmühle, 1388 Febr. — 1390 Juni.
	2. Alt Rudolf von Murbach, 1390 Juni — 1392 Febr.; dessen Unterlandvogt war: Peter von St. Dié, 1390 Mai — 1392 Febr.
	3. Simon Wecker von Bitsch, 1392 Febr. — Juni.
1392 Juni — 1394 Nov.	Borziboy von Swinar; seine Unterlandvögte waren:
	1. Peter von St. Dié, 1392 Juli — 1393 Okt.
	2. Habart von Hertenberg, 1393 Okt. — 1394 Nov.
1394 Nov. — 1395 Okt.	Emich von Leiningen.
1395 Sept. — 1400.	Jost von Mähren, Pfandinhaber; Landvögte während dieser Zeit waren:
	1. Simon Wecker von Bitsch, 1395 Dez. — 1397 Febr.
	2. Borziboy von Swinar, 1397 Febr. — 1399 Sept.; dessen Unterlandvögte waren:
	a) Emich von Leiningen, 1397 März — Okt.;
	b) Diedrich von der Weitenmühle, 1397 Okt. bis 1399 Sept.
	3. Friedrich von Leiningen, 1399 Sept. — 1400 Aug.
	4. Diedrich von der Weitenmühle, 1400 Aug. — Okt.
1400 Nov. — 1401 März.	Hanemann von Sickingen.
1401 März — 1410.	Schwarz Reinhard von Sickingen.

Anhang: Kaiserregesten.

1. **1311 August 28. Im Lager vor Brescia.** — Heinrich VII. befiehlt dringend seinem Landvogt im Elsass, Gottfried von Leiningen, den Streit zwischen dem Kloster Niedermünster und den Herren von Bergheim wegen der Güter in Kogenheim und Sermarsheim zu beenden. Datum in castris ante Brixiam V. cal. septemb. regni nost. an. III°. Or. Perg. mit Rest von rot. hinten aufgedrückt. Siegel, Strassb. Bezirks-Arch. GG 116 ⁿ 8.

2. **1313 Januar 1. Lager bei S. Casciano.** — ...... befiehlt dem Landvogt im Elsass, Grafen Gottfried von Leiningen, den Streit des Klosters Niedermünster mit den Herren von Bergheim wegen des Waldes von Sermarsheim zu schlichten. Dat. in castris apud sanctum Cassianum sup. Florentiam cal. ian. a. m°. ccc° XII°. regni IV°. imp. I°. Or. Perg. m. Rest d. hg. Mgl. Strassb. Bezirks-Arch. GG 116 ⁿ 4.

3. **1337 November 8. München.** — Kaiser Ludwig quittiert Kolmar über die nächstfällige Reichssteuer, welche die Stadt auf sein Gebot hin den Herren Albrecht, Hugo und Heinrich von Hohenberg, seinen Oheimen und Landvögten im Elsass, bezahlt hatte. Ze München an samptztag vor sant Marteins tag, Reich 23. Kaisert. 10. Jahr. Or. Perg. m. hg. Mgl. Kolmar CC.

4. **1338 März 25. Hagenau.** — ...... sagt die Stadt Hagenau der „bet, vorderung, stiur vnd och des dienstz" ledig und los, welche sie ihm auf seiner Fahrt gegen Frankreich und Lamparten, seiner Forderung gemäss, gewährt habe. Ze Hagenaw an vnserer frawen tag in der vasten 1338, Reich 24. Kais. 11. J. Or. Perg. m. hg. Mgl. Hag. CC 1 ⁿ 1.

5. **1339 Oktober 27. Mergentheim.** — ...... befiehlt der Stadt Hagenau, die nächstfällige Martinssteuer, 250 Strassb. ℔, seinem lb. Oheim u. Landvogt, Grafen Albrecht von Hohenberg, zu bezahlen. Ze Mergentheim an der heiligen zwelfboten abent Symonis vnd Jude 1339, Reich 25. Kais. 12. J. Or. Perg. m. hg. Mgl. Hag. CC 1 ⁿ 2.

6. **1339 Oktober 27.** — ...... befiehlt dasselbe Kolmar. Or. Perg. m. hg. Mgl. Kolm. CC.

7. **1340 August 1. Ulm.** — ...... befiehlt der Stadt Hagenau, ihre nächstfällige Reichssteuer dem Grafen Berchtold von Niffen, seinem lb. Heimlichen, zu bezahlen. Ze Ulme an dem achten tag nach sant Jakobs tag 1340, Reich 26. Kais. 13. J. Or. Perg. Sgl. fehlt. Hag. CC 1 ⁿ 3.

8. **1340 August 1.** — ...... befiehlt dasselbe der Stadt Kolmar. Orig. Perg. m. hg. Mgl. Kolm. CC.

9. **1341 Oktober 24. Landshut.** — ...... befiehlt Hagenau, die künftige Martinssteuer seinem lb. Sohn, dem Herzog Stephan, oder dessen Hofmeister Heinrich von Eysoltzried zu bezahlen. Ze Lantzhût an mitwochen vor Symonis vnd Jude 1341, Reich 27. Kais. 14. J. Or. Perg. m. hg. Mgl. Hag. CC 1 ⁿ 4.

10. **1347 Juni 7. München.** — ...... benachrichtigt Hagenau, dass er die nächstfällige Martinssteuer seinen Landvögten, den Grafen Ludwig und Friedrich zu Öttingen, verschafft habe, und befiehlt der Stadt in seinem und seines Sohnes, des Herzogs Stephan, Namen, jenen die genannte Steuer zu bezahlen. Ze München an donrstag nach Erasmi 1347, Reich 33. Kais. 20. J. Or. Perg. m. hg. Mgl. Hag. CC 1 ⁿ 5.

11. 1349 Dezember 7. Prag. — Karl IV. fordert Hagenau auf, dem Rheinpfalzgrafen Rudolf und dessen Landvögten Hülfe zu leisten gegen Oberehnheim, damit diese Stadt zur Besserung gezwungen werde dafür, dass sie, ihrem Eide entgegen, freventlich gegen Kaiser und Reich gehandelt habe. Zu Prage am montag nach sant Nycolaus tage, Reich 4. J. Per dom. regem, Joh. Nouiforensis. Or. Perg. m. Spur von unten aufged. rot. Sgl. Hag. EE 25 a 1.

12. 1355 Oktober 15. Prag. — . . . . . . befiehlt Kolmar, die nächstfällige Martinssteuer dem Landvogt i. E. Burkhard von Magdeburg oder dessen Unterlandvogt zu bezahlen. Ze Prage 1355 an sant Gallen abend, Reich 10. Kais. 1. J. Per dom. episc. Mindensem, Joh. de Glacz. Or. Perg. m. hg. rot. Adlersgl. in gelb. Schüssel. Kolm. CC.

13. 1356 Januar 10. Nürnberg. — . . . . . . befiehlt der Stadt Kolmar, das Geld, welches sie ihm zum Geschenke versprochen habe, ihrem Landvogt Burkhard von Magdeburg zu bezahlen, welchem er es „verschaffen und bescheiden habe". Ze Nurmberg des nechsten montags nach dem heiligen zweiften tag, Reich 10. Kais. 1. J. Per dom. imp. Nicol. de Chremsir. Or. Perg. m. hg. rot. Adlersgl. in gelb. Schüssel. Kolm. CC.

14. 1356 Dezember 13. Metz. — . . . . . . gebietet Hagenau, dem Landvogt i. E. Burkhard von Magdeburg oder dessen Unterlandvogt das Geld, welches der Stadt „vber loufen vnd vber worden" sei von den 500 Gulden, die sie dem Herzog Friedrich von Teck bezahlt habe, zu geben. Zu Metz 1356 an sant Lucien tag, Reich 11. Kais. 2. J. Per dom. mag. curie, Joh. de Glacz; R. Hertwicus. Or. Perg. m. hg. rot. Asgl. in gelb. Schüssel. Hag. CC 2 a 1.

15. 1358 Juni 30. Nürnberg. — . . . . . . befiehlt Kolmar, die nächstfällige Martinssteuer dem Landvogt i. E. Herzog Rudolf von Östreich zu bezahlen. Nuremberg 1358 am nehsten samstage nach sant Peter vnd Paulus tag, Reich 12. Kais. 4. J. Per dom. cancellarium, Conr. de Gysinheim; R. Joh. Chremsir. Or. Perg. m. Rest d. hg. Mgsl. Kolm. CC.

16. 1359 Oktober 9. — . . . . . . befiehlt Hagenau, die künftige Martinssteuer — ohne die 500 Gulden, welche dem Herzog Friedrich von Teck darauf verschrieben seien, — dem Landvogt i. E. Burkhard von Magdeburg zu geben. Zu Prage 1359 an sant Dionysius tag, Reich 14. Kais. 5. J. Per dom. imp., Conr. de Gysinheim; R. Miliczius. Or. Perg. Sgl. fehlt. Hag. CC 2 a 3.

17. 1359 Oktober 9. — . . . . . . erteilt Kolmar einen ähnlichen Befehl. Or. Perg. m. Rest d. hg. Mgsl. Kolm. CC.

18. 1360 Oktober 7. Mainz. — . . . . . . befiehlt Kolmar, die nächstfällige Martinssteuer dem Landvogt i. E. Burkhard von Magdeburg zu bezahlen. Z. Mentze 1360 an der nechsten mitwochen (nach?) sant Remigius tag. Reich 15. Kais. 6. J. Per dom. imp., Joh. Eystetensis; R. Joh. Budwicz. Or. Perg. m. hg. Mgsl. Kolm. CC.

19. 1361 Oktober 14. Lauffen. — . . . . . . befiehlt Hagenau, die nächstfällige Martinssteuer seinem Hofmeister, dem Burggrafen Burkhard von Magdeburg, zu bezahlen. Ze Lauffen 1361 an dem nebesten donnerstag (vor!) sand Gallentag, Reich 16. Kais. 7. J. Per dom. mag. curie, Miliczius; R. Joh. Saxo. Or. Perg. mit hg. Mgsl. Hag. CC 2 a 6. [An der eingekl. Stelle hat die Urkunde ein Loch; es muss dort gestanden haben „vor", denn nur dies stimmt zu Lauffen!]

20. **1361 Oktober 14.** — . . . . . . befiehlt dasselbe der Stadt Türkheim. Or. Perg. Sgl. fehlt.

21. **1362 April 23. Prag.** — . . . . . . gebietet Hagenau, die nächstfällige Reichssteuer seinem Hofmeister, dem Burggrafen Burkhard von Magdeburg, zu bezahlen. Zu Prage 1362 an sancte Jurgen tag des heiligen merterers, Reich 16. Kais. 8. J. Per dom. imp., decanus Glogouiensis; R. Joh. Triboniensis. Or. Perg. m. hg. Msgl. Hag. CC 2 n 7.

22. **1362 April 23.** — . . . . . . gebietet Kolmar dasselbe. Or. Perg. m. hg. Msgl. Kolm. CC.

23. **1362 April 23.** — . . . . . . gebietet dasselbe der Stadt Türkheim. Or. Perg. Sgl. fehlt. Türkh. CC.

24. **1363 Juni 24. Prag.** — . . . . . . befiehlt Kolmar die nächstfällige Martinssteuer dem Landvogt i. E. Friedrich, Burggrafen zu Nürnberg, zu bezahlen. Zu Prag 1363 an sand Johanstag Baptisten, Reich 17. Kais. 9. J. Per dom. imp., Joh. Eystetensis. Or. Perg. m. hinten aufged. rot. Sgl. Kolm. CC.

25. **1363 November 29. Prag.** — . . . . . . befiehlt Kolmar, die letztverfallene Martinssteuer dem Burggrafen Friedrich von Nürnberg zu bezahlen. Zu Prage 1363 an sand Andreas abend des zwelffboten. Reich 18. Kais. 9. Ad mand. cesaris, Joh. Saxo; R. Petrus scholast. Lubucensis. Or. Perg. m. hg. Msgl. Kolm. CC.

26. **1364 Oktober 28. Pirna.** — . . . . . . befiehlt Türkheim, die gewöhnliche Reichssteuer dem Landvogt i. E. Friedrich, Burggrafen zu Nürnberg, zu bezahlen. Pyrn 1364 an sand Symon- vnd Judastag, Reich 19. Kais. 10. Per dom. imp., Joh. Eystetensis; R. Petrus scholast. Lubuc. Or. Perg. m. Rest d. Msgl. Türk. CC.

27. **1364 Dezember 14. Prag.** — . . . . . . teilt der Stadt Hagenau mit, dass er dem Landvogt i. E. Friedrich, Burggrafen zu Nürnberg, die Gewalt gegeben habe, Ratsmänner in ihren Rat zu setzen und zu entsetzen. Prag an dem samstag nach Lucie, Reich 19. Kais. 10. Or. Perg. m. hinten aufged. rot. Sgl. unter Papier. Hag. AA 106 n 1.

28. **1366 September 9. Frankfurt.** — . . . . . . befiehlt der Stadt Hagenau, die nächstfällige Martinssteuer dem Landvogt i. E. Friedrich, Burggrafen zu Nürnberg, zu bezahlen. Frankenfurt 1366 an der nehesten mitwochen nach vnser frawentag als sie geborn wart, Reich 21. Kais. 12. Per dom. imp., Güntherus Tokler; R. Joh. Saxo. Or. Perg. Sgl. fehlt. Hag. CC 2 n 11.

29. **1366 September 9.** — . . . . . . befiehlt Kolmar dasselbe. Or. Perg. m. Rest d. hg. Msgl. Kolm. CC.

30. **1373 Mai 6. Prag.** — . . . . . . gebietet dem Bischof Lamprecht von Strassburg und dem Landvogt i. E. Rudolf von Waldsee, von den Kindern des Hans von Eckerich bezw. von deren Vormund Hans von Schäffolsheim die Pfandbriefe über das Umgeld in Schlettstadt zurückzufordern. Z. Prage an dem fritag nach des heiligen cruces tag als es gefunden wart, Reich 27. Kais. 19. Schlettstadt. Copialbuch.

31. **1373 September 25. Prag.** — . . . . . . befiehlt Kolmar, die nächstfällige Martinssteuer — nach Abzug der 80 Gulden, welche dem Heinrich von Varnbach, Bischof zu Termopel, verschrieben seien, — den Herzögen Albrecht und Leopold von Östreich zu bezahlen. Z. Prage 1373 an dem nehsten suntag vor sante Michels tage, Reich 28. Kais. 19.

Per dom. mag. curie, Theodor Damer.; R. Nicol. de Praga. Or. Perg. m. hg. Mgl. Kolm. CC.

32. 1374 Oktober 4. Nürnberg. — ...... befiehlt Hagenau, die nächstfällige Reichssteuer den Herzögen von Baiern, Stephan dem Jüngern und Friedrich, zu bezahlen. Zu Nuremberg 1374 am nechsten mitwoch noch sant Michels tag, Reich 29. Kais. 20. Ad mand. dom. imp., Theodor Damer.; R. Wilh. Kortelangen. Or. Perg. m. hg. Mgl. Hag. CC. 2 ⁿ 19.

33. 1374 November 24. Frankfurt a. M. — ...... befiehlt der Stadt Hagenau, die Summe Geldes, welche sie ihm auf den künftigen Georgentag versprochen habe, dem Rheinpfalzgrafen Friedrich, seinem lb. Oheim u. Fürsten, zu geben. Zu Frankemfurt uff dem Meyne 1374 an sante Katherin abend, Reich 29. Kais. 20. Per dom. de Coldicz, Theod. Damer.; R. Wilh. Kortelaugen. Or. Perg. m. hg. Mgl. Hag. CC 2 ⁿ 20.

34. 1375 Oktober 22. Lübeck. — ...... befiehlt Hagenau, die nächstfällige Martinssteuer den Pfalzgrafen Stephan und Friedrich, Herzögen in Baiern, zu bezahlen. Lubeck 1375 des montages nach sente Lucas tage, Reich 30. Kais. 21. De mand. dom. imp., Nicol. Camer. prepositus; R. Wilh. Kortelangen. Or. Perg. m. hg. Mgl. Hag CC 2 ⁿ 22.

35. 1375 Oktober 22. — ...... befiehlt dasselbe der Stadt Rosheim. Or. Perg. Sgl. fehlt.

36. 1376 April 7. Nürnberg. — ...... befiehlt Hagenau, die nächstfällige Martinssteuer den Pfalzgrafen Stephan und Friedrich, Herzögen in Baiern, zu geben. Nuremberg 1376 des montages nach dem palmen tage, Reich 30. Kais. 21. De mand. dom. imp., Nicol. Cameric. prepositus; R. Wilh. Kortelangen. Or. Perg. m. hg. Mgl. Hag. CC 2 ⁿ 23.

37. 1377 September 22. Tangermünde. — ...... befiehlt Hagenau, die nächstfällige Martinssteuer dem Herzog Wenzel von Luxemburg zu bezahlen. Tangermunde 1377 an sante Mauricien tage, Reich 32. Kais. 23. De mand. dom. imp., Nicol. Cameric. prepositus; R. Wilh. Kortelangen. Or. Perg. m. hg. Mgl. Hag. CC 2 ⁿ 24.

38. 1378 Februar 12. Luxemburg. — ...... fordert Kolmar, Schlettstadt, Hagenau, sowie die übrigen elsässischen Reichsstädte auf, dem Pfandinhaber der Landvogtei, Herzog Wenzel von Luxemburg, zu huldigen und diesem oder seinem Unterlandvogte die Reichssteuern solange abzuliefern, als die Verpfändung dauern werde. Zu Lützelnburg 1378 des nehisten fritags vor sant Valentini tag, Reich 32. Kais. 23. Gleichzeitige Copie Hag. CC 2 ⁿ 25.

39. 1384 Juni 20. Bürglitz. — König Wenzel gebietet der Stadt Hagenau, die nächstfällige Martinssteuer seinem Unterlandvogte zu Elsass, Volmar von Wickersheim, zu bezahlen. Purgleins 1384 des montags vor sand Johans tage des heiligen Teufers. Böhm. 21. Röm. 8. Per dom. ducem Teschin., Martinus scholasticus; R. Wenczl. de Jenikow. Or. Perg. m. hg. Mgl. Hag. CC 3 ⁿ 4.

40. 1384 Juli 22. Heidelberg. — ...... befiehlt Hagenau, die Martinssteuer des folgenden Jahres 1385 dem Volmar von Wickersheim zu geben. Heidelberg 1384 an sand Marie Magdalene tag, Böhm. 22. Röm. 9. Per dom. ducem Teschin., P. Jawr.; R. Franc. de Gewicz. Or. Perg. m. hg. Mgl. Hag. CC 3 ⁿ 5.

41. 1384 Dezember 8. Koblenz. — ...... teilt Kolmar mit, dass er die Landvogtei im Elsass samt allen ihren Einkünften dem Volmar von Wickersheim auf 2 Jahre übertragen habe. Koblenz, am Feste Mariä Empfängnis 1384, Böhm. 22. Röm. 9. Or. Perg. m. bg. Mgl. Kolm. AA. [Nach einem Regest Mossmanns im Stadt-Arch. zu Kolmar; die Urkunde selbst war verlegt und konnte von mir nicht benutzt werden.]

42. **1386 Oktober 16. Prag.** — ...... befiehlt Hagenau, die nächstfällige Martinssteuer seinem Landvogt i. E, Stislaw von der Weitenmühle, zu bezahlen. Prag 1386 an sand Gallen tage, Böhm. 24. Röm. 11. Per dom. ducem Tesch., Wlacbnico de Weytenmule; R. Wencz. de Jenykow. Or. Perg. m. hg. Mgl. Hag. CC 3 ⁿ 6.

43. **1386 Oktober 16.** — ...... befiehlt dasselbe der Stadt Türkheim. Or. Perg. Sgl. abg. Türk. CC.

44. **1387 August 17. Nürnberg.** — ...... befiehlt Hagenau, die nächste Martinssteuer dem Landvogt i. E., Stislaw von der Weytenmühle, zu bezahlen. Nuremberg 1387 des sunabendes noch vnser vrawen tag assumpcionis, Böhm. 25. Röm. 12. Per dom. ducem Tesch., Martinus scholast.; R. Franc. de Gewicz. Or. Perg. m. hg. Mgl. Hag. CC 3 ⁿ 7.

45. **1387 August 17. Nürnberg.** — ...... gebietet dasselbe Kolmar. Or. Perg. m. hg. Mgl. Kolm. CC.

46. **1388 Februar 25. Prag.** — ...... teilt Hagenau mit, dass er dem Markgrafen Jost von Mähren die Landvogtei des Elsass eingegeben und verschrieben habe; deshalb solle die Stadt diesem huldigen und gehorsam sein. Prag an sand Mathias tage. Böhm. 25. Röm. 12. Per dom. Benesch. de Chussnik, Wlachnico de Weytemule. Or. Pap. m. Spur von hinten aufgedr. rot Sgl. Hag. AA 221 ⁿ 2.

47. **1388 Mai 9. Bürglitz.** — ...... teilt Hagenau mit, dass er Jost von Mähren die Landvogtei i. E. mit allen Städten, Märkten, Dörfern, Renten, Nutzen, Steuern und sonstigen Zugehörungen verschrieben habe; deshalb solle man jenen für einen obersten Landvogt halten und ihm die Steuern abliefern, wie ehemals dem Herzog Wenzel von Luxemburg. Burgleins 1388 des nehesten sunabendes nach dem heiligen auffart tag. Böhm. 25. Röm. 12. Per dom. Keppler mag. monet., Wlachnico de Weytemule. Gleichz. Copie auf einem Blatt Papier. Hag. AA 211 ⁿ 7.

48. **1388 November 13. Prag.** — ...... befiehlt Hagenau, die jüngst verfallene Martinssteuer dem Markgrafen Jost von Mähren oder seinem Unterlandvogt i. E. zu bezahlen. Prag 1388 an sand Briccien tage, Böhm. 26. Röm. 13. Ad mand. dom. regis, Joh. Camin. electus cancell. Or. Perg. mit hg. Mgl. Hag. CC 3 ⁿ 9.

49. **1388 November 13.** — ...... befiehlt dasselbe Kolmar. Or. Perg. m. hg. Mgl. Kolm. CC.

50. **1388 November 20. Bettlern.** — ...... erinnert die Städte Hagenau und Schlettstadt daran, dass er zu andern Zeiten dem Markgrafen Jost von Mähren „die Landvogtei zu Elsass sammt ihren Nutzen, Renten, Zinsen, Zugehörungen und Gefällen, und mit Namen den Steuern verschrieben und eingegeben habe." Deshalb sollen die Städte ihre jährlichen Martinssteuern dem Jost oder dessen Abgesandten überliefern. Betlern 1388 des nebsten freytags vor sand Kathereyn tag, Böhm. 26. Röm. 13. Ad mand. dom. reg., Joh. Camyn. electus cancellarius; R. Franc. de Gewicz. Or. Perg. m. hg. Mgl. Hag. CC 3 ⁿ 8.

51. **1389 August 11. Karlstein.** — ...... befiehlt Hagenau, die nächstfällige Martinssteuer dem Markgrafen Jost zu Mähren oder dessen Landvogt i E. zu bezahlen.

Karlstein 1389 des mitwochen vor vnserr frawen tag assumpcionis, Böhm. 27. Röm. 14. Ad mand. dom. regis, Joh. Camin. electus cancellarius; R. Petrus de Wischow. Or. Perg. Sgl. abgef. Hag. CC 3 n 10.

52. 1390 November 19. Bettlern. — ...... entbietet den Städten des Elsass, er habe vernommen, dass bei ihnen grosser Mangel herrsche an Schöffen, die in seinen Gerichten das Urteil sprechen sollen. Da dieser Mangel hauptsächlich daher komme, dass in den alten Geschlechtern vielfach unweise und zu junge Leute seien, die für die Schöffenbank nicht taugten, so habe er seinem Landvogt i. E. Abt Rudolf zu Murbach befohlen, unter Mitwirkung der Städte da, wo man aus den alten Geschlechtern keine tauglichen Leute finden könne, andere ehrbare, biedere Männer aus der Gemeinde in den Rat zu setzen. Betlern an sand Elsbethen tag Böhm. 28. Röm. 15. Ad relat. Cunradi Keppler, Franc. Olom. canon. Or. Perg. m. hinten aufged. rot. Sgl. Hag. AA 235.

53. 1392 Januar 16. Prag. — ...... meldet dem Landvogt Abt Rudolf zu Murbach, dass er ehemals den Herrn Rudolf und Heinrich von Andlau „das burgstal die vorderluczelburg mit iren zugehorungen" als Lehen gegeben habe; da ihnen dieser Besitz von den Herrn von Ratsamhausen streitig gemacht werde, so möge der Landvogt die Reichsmannen besenden und diese über die vorgenannten Güter ein Urteil sprechen lassen und falls die fraglichen Güter dem Reiche zugefallen seien, die Herrn von Andlau im Besitze derselben schirmen. Prag des dinstags vor sand Anthonii tage, Böhm. 29. Röm. 16. Ad relat. Borziwoii de Swinarz, Wlachniko de Weytemule. Or. Pap. m. Spur v. hinten aufged. rot. Sgl. Strassb. Stadt. Arch. AA 114.

54. 1392 Februar 13. Bettlern. — ..... teilt Hagenau mit, dass Markgraf Jost von Mähren im Einverständnisse mit ihm den Wecker von Bitsch zum Landvogt i. E. ernannt habe; deshalb möge die Stadt diesem gehorsam sein. Bettlern an sand Valenteins abende, Böhm. 29. Röm. 16. Per dom. H. de Duba mag. curie, Franc. Olom. canon. Or. Pap. hinten rot. Sgl. unter Papier. Hag. AA 219 n 6.

55. 1392 August 12. Bettlern. — ...... gebietet Hagenau, die nächstfällige Martinssteuer dem Borziwoy von Swinar, Landvogt zu Schwaben und zu Elsass, zu bezahlen. Bettlern 1392 des montags noch sand Lorenczen tage, Böhm. 30. Röm. 17. Ad mand. dom. regis, Joh. Camin. electus cancellarius; R. Wencz. de Olomucz. Or. Perg. m. hg. Magl. Hag. CC 3 n 13.

56. 1392 August 12. — ...... gebietet dasselbe Kolmar. Or. Perg. mit Rest d. hg. Magl. Kolm. CC.

57. 1393 Oktober 7. Bettlern. — ...... gebietet Hagenau, die nächstfällige Martinssteuer dem Borziwoy von Swinar, Landvogt in Schwaben und Elsass, zu bezahlen. Betlern 1393 des nechsten dinstages noch sand Francisci tage, Böhm. 31. Röm. 18. Ad. relat. Borzywogii de Swinars, Wlachnico de Weytemule; R. Bartholom. de Nouaciuitate. Or. Perg. m. hg. Magl. Hag. CC 3 n 4.

58. 1393 Oktober 7. Bettlern. — ...... gebietet dasselbe Kolmar. Or. Perg. m. Rest des hg. Magl. Kolm. CC.

59. 1394 September 1. Klingenberg. — ...... gebietet Hagenau, die nächstfällige Martinssteuer dem Borziwoy von Swinar, Landvogt in Schwaben und Elsass, zu geben.

Klingenberg 1394 an sand Gilgen tage, Böhm. 32. Röm. 19. Ad mand. dom. regis Borziwoyo referente, Franc. Olom. canon.; R. Wenc. de Olomucz. Or. Perg. m. hg. Msgl. Hag. CC 3 = 15.

60. 1394 September 1. — ...... gebietet dasselbe Kolmar. Or. Perg. m. Rest d. hg. Msgl. Kolm. CC.

61. 1394 September 1. — ...... befiehlt dasselbe der Stadt Türkheim. Or. Perg. Sgl. fehlt. Türk. CC.

62. 1395 Mai 24. Karlstein. — ...... giebt dem Landvogt i. E., Grafen Emich zu Leiningen, Vollmacht, mit der Stadt Hagenau einen Vergleich zu schliessen „um solche Sachen, welche die Stadt gegen den König und die Seinigen überfahren habe." Karlstein 1395 des montags nach vnsers herren uffart tage, Böhm. 32. Röm. 19. Beglaub. Copie Hag. AA 107.

63. 1395 September 2. Prag. — ...... schreibt Hagenau, da er dem Markgrafen Jost von Mähren die Landvogtei i. E. mit ihren Städten, Märkten, Dörfern, Renten, Nutzen und andern Zugehörungen verschrieben habe, ähnlich wie Herzog Wenzel von Luxemburg dieselbe vormals besessen habe, so erkläre er „alle Lehen und Gaben, die er während der Zeit der Verschreibung an Jost verliehen habe, oder aus Vergesslichkeit noch verschreiben werde", für ungültig; Jost solle das Land zu Elsass ebenso besitzen, wie Herzog Wenzel es ehemals besessen habe, und wen jener zum Landvogt ernenne, dem solle man huldigen und gehorsam sein. Prag 1395 des donerstages vor vnser frouwen tag natiuit. Böhm. 33. Röm. 20. Ad relat. Pothonis de Czastalowicz, Wlachnico de Weytemule; R. Joh. de Wratislauia. Or. Perg. m. hg. Msgl. Hag. AA 37.

64. 1395 September 2. — ...... schreibt ebenso an Kolmar. Or. Perg. mit Rest d. hg. Msgl. Kolm. CC.

65. 1397 Februar 14. Prag. — ...... meldet Hagenau, Kolmar, Schlettstadt sowie den andern Städten, Märkten und Dörfern in der Landvogtei des Elsass, dass Markgraf Jost von Mähren, dem er vor langer Zeit die Landvogtei eingegeben und verschrieben habe, jetzt den Borziboy von Swinar zum Landvogt des Elsass gesetzt habe; diesem solle man deshalb huldigen und gehorsam sein und alle Renten, Steuern und Gefälle sechs Jahre lang verabreichen, bis Markgraf Jost einen andern Landvogt einsetzen werde. Prag 1397 an sand Valentini tage, Böhm. 34. Röm. 21. Ad mand. dom. regis, Wlachnico de Weytemule; R. Petrus de Wischow. Or. Perg. m. hg. Msgl. Hag. AA 219 = 8.

66. 1397 Februar 14. Prag. — ...... befiehlt Hagenau, die letztverfallene Martinssteuer dem Borziboy von Swinar, Hauptmann in Baiern und Landvogt in Elsass, zu bezahlen. Prag 1397 an sand Valentini tage, Böhm. 34. Röm. 21. Ad relat. Sigismundi subcamerarii, Wlachnico de Weytemule; R. Petrus de Wischow. Or. Perg. m. hg. Msgl. Hag. CC 3 = 18.

67. 1397 Februar 14. — ...... befiehlt dasselbe Kolmar. Or. Perg. m. hg. Msgl. Kolm. CC.

68. 1397 Februar 24. Prag. — ...... befiehlt Hagenau, die nächstfällige Martinssteuer dem Borziboy von Swinar, Hauptmann in Baiern und Landvogt in Elsass, zu bezahlen. Prag 1397 an sand Mathias tage, Böhm. 34. Röm. 21. Ad relat. Sigismundi subcamerarii, Wlachnico de Weytemule; R. Petrus de Wischow. Or. Perg. m. hg. Msgl. Hag. CC 3 = 17.

69. 1397 Februar 24. — ...... befiehlt Kolmar dasselbe. Or. Perg. m. hg. Msgl. Kolm. CC.

70. **1397 Oktober 2. Nürnberg.** — ...... befiehlt Türkheim, die Martinssteuer dem Landvogt Dietrich von der Weitenmühle zu bezahlen. Nuremberg 1397 des dynstages noch sand Michels tage, Böhm. 35. Röm. 22. Ad relat. Borziwogii de Swinar, Franc. canon. Pragensis; R. Petrus de Wischow. Or. Perg. mit Rest d. hg. Magl. Türk. CC.

71. **1398 Januar 13. Frankfurt.** — ...... bestätigt alle Vorrechte und guten Gewohnheiten, welche Türkheim von seinen Vorfahren am Reich und von seinem Vater erhalten hat. Frankenfurt 1398 des sondages nach dem obresten tage, Böhm. 35. Röm. 22. Ad relat. Borziboii de Swinar, Franc. canon. Pragensis; R. Petrus de Wischow. Or. Perg. m. Rest des hg. Magl. Türk. AA.

72. **1398 April 25. Trier.** — ...... befiehlt Hagenau, Kolmar, Schlettstadt sowie den übrigen Städten des Elsass, dass sie den Rest des Geldes, dass sie ihm versprochen hätten und wovon Borziboy von Swinar, Hauptmann in Baiern, nur einen Teil eingenommen habe, dem Bernhard Bebelnheim nach Frankfurt schicken sollen, damit dieser die vom Könige daselbst verpfändeten silbernen Gefässe auslösen könne. Trier an sand Marcus tage, Böhm. 35. Röm. 22. Per dom. Joh. ducem Oppanie, Franciscus canon. Pragensis. Or. Perg. m. hinten aufged. rot. Sgl. Kolm. CC.

73. **1398 April 28. Luxemburg.** — ...... befiehlt dem Unterlandvogt Dietrich von der Weitenmühle, die Johanniter in den Besitz der Pfarrkirche zum hl. Georg in Hagenau zu setzen. Luczemburg des suntages nach sand Marcus tage, Böhm. 35. Röm. 22. Per dom. Wenc. patriarch. Anthioch. cancell., Franc. canon. Pragensis. Gleichz. Copie Strassb. Stadt. Arch. AA 113 ⁿ 23.

74. **1398 Dezember 24. Prag.** — ...... befiehlt Hagenau, die letztverfallene Martinssteuer dem Unterlandvogt i. E., Dietrich von der Weitenmühle, zu bezahlen. Prag 1398 an des heiligen Cristes abende, Böhm. 36. Röm. 23. Ad relat. Borziwoii de Swinar, Nicol. de Gewicz.; R. Joh. de Bamberg. Or. Perg. m. hg. Magl. Hagenau CC 3 ⁿ 19.

75. **1398 Dezember 24.** — ...... befiehlt dasselbe Kolmar. Or. Perg. m. hg. Magl. Kolm. CC.

76. **1399 September 1. Prag.** — ...... befiehlt Hagenau, die künftige Martinssteuer dem Grafen Friedrich von Leiningen, Landvogt zu Elsass, zu geben. Prag 1399 an sand Gilgen tage, Böhm. 37. Röm. 24. Ad relat. Borziwoii de Swinars, Nicol. de Gewicz; R. Joh. de Bamberg. Or. Perg. m. hg. Magl. Hag. CC 3 ⁿ 20.

77. **1399 September 1.** — ...... befiehlt Kolmar dasselbe. Or. Perg. m. hg. Magl. Kolm. CC.

78. **1400 November 7. Prag.** — ...... meldet Hagenau, Kolmar, Weissenburg, Schlettstadt, Kaysersberg, sowie den andern Städten, welche in die Landvogtei zu Elsass gehören, dass er Johann dem Ältern, Grafen zu Sponheim, die Landvogtei des Elsass übertragen habe; deshalb solle man diesem huldigen und alle Renten, Zinsen, Nutzen und Gefälle abliefern. Prag des suntages vor sand Merteins tage, Böhm. 38. Röm. 25. Ad mand. dom. regis, W. patriarcha Anthioch. cancell. Or. Brief m. rot. Sgl. hinten, Kolm. CC.

79. **1400 November 26. Weissenburg.** — König Ruprecht zeigt Kolmar seine Erhebung zum römischen Könige an und meldet, dass er den Landvogt Schwarz Reinhard von Sickingen beauftragt habe, die Huldigung der Stadt entgegen zu nehmen. Or. Perg. Kolm. AA. Vgl. Cart. Mulh. I ⁿ 436.

VITA.

Ich — Joseph Becker, Oberlehrer am Bischöflichen Gymnasium zu Strassburg — bin geboren am 30. November 1856 zu Buweiler im Kreise Trier. Nachdem ich durch meinen hochwürdigen Herrn Pfarrer in die Gymnasialstudien eingeführt worden war, besuchte ich das Gymnasium zu Trier 7 Jahre lang. Seit Herbst 1877 studierte ich zunächst Philosophie und Theologie an den Universitäten Bonn und Innsbruck, dann Philologie in München, Freiburg und Strassburg, und bestand in Strassburg am 27. Februar 1885 das Examen pro facultate docendi; darauf widmete ich mich dem Studium der Geschichte unter Anleitung der Herren Professoren Scheffer-Boichorst, Neumann und Wiegand; ihnen sowie dem Herrn Professor Bresslau und den Herren Archivaren der Reichsstädte des Elsass sage ich hiermit für ihre giltigen Bemühungen meinen aufrichtigen Dank.